Accédez à l'abondance

en vous libérant de vos croyances limitantes,
vos peurs et vos schémas répétitifs

Dépôt légal : mars 2024
ISBN : 978-2-3824-0184-2
N° d'édition : SR01842 (24L0375)
www.secretdetoiles.com

CORINNE DE LEENHEER

Accédez à l'abondance

en vous libérant de vos croyances limitantes, vos peurs et vos schémas répétitifs

Secret d'étoiles

Sommaire

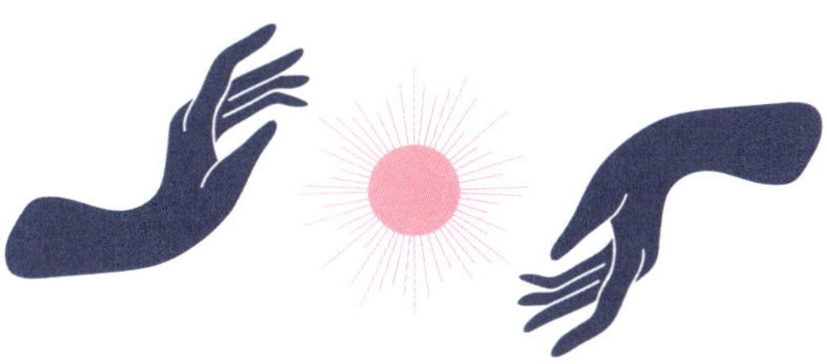

Avant-propos

Cher lecteur, chère lectrice,

Il existe dans l'univers une danse secrète, une mélodie intemporelle qui nous appelle à nous épanouir dans l'abondance, comme un jardin en fleurs attendant d'être découvert. Vous tenez entre vos mains bien plus qu'un simple livre, vous tenez un compagnon de vie, un guide bienveillant qui vous accompagnera pas à pas sur le chemin fascinant de la création de l'abondance selon votre vision unique. Un compagnon vers lequel vous pourrez revenir encore et encore pendant votre voyage, que vous percevrez de façon différente dès lors que vous franchirez les étapes que je vous proposerai plus avant dans ce livre.

Permettez-moi de vous emmener dans un voyage au-delà des limites que vous avez peut-être connues jusqu'à présent, vers un espace où les rêves prennent forme, où les étoiles dansent en harmonie pour tisser votre destinée. Ce livre est conçu pour être votre allié, votre confident silencieux alors que vous explorez les dédales de votre propre compréhension de l'abondance.

Le voyage commence par la découverte des premiers éclats de lumière, les prémices d'une nouvelle perspective sur l'abondance. Nous plongerons dans les eaux cristallines de votre propre définition de l'abondance, guidés par la magie de votre intuition. Là, nous démystifierons les perceptions limitantes et les croyances profondément ancrées qui ont pu entraver le flux naturel de richesse dans votre vie.

Lorsque nous progresserons dans cette quête, nous explorerons les recoins cachés de vos pensées et de vos émotions, ces joyaux enfouis qui renferment la clé de votre propre trésor d'abondance. Vous découvrirez des outils concrets et des exercices qui vous aideront à éclairer vos parts d'ombre et à cultiver une nouvelle énergie d'expansion.

Mais ce voyage ne se limite pas aux aspects terre à terre. Nous oserons franchir les portes du mystère : nous irons où la magie et la spiritualité se rencontrent pour vous offrir une série de rituels enchantés. Ces rituels, tels des étoiles filantes, illumineront votre chemin de manière ludique et inspirante, apportant une douce brise d'insouciance et de joie à votre cheminement profond.

À chaque page, chaque chapitre, chaque mot, vous découvrirez que l'abondance n'est pas seulement une quête extérieure, mais une symphonie intérieure qui se joue à travers vous. Ce livre est conçu comme une boussole, un phare qui vous guidera vers des horizons insoupçonnés, vous permettant de révéler la magnificence qui réside en vous.

Que ce livre soit votre compagnon fidèle, votre allié dans la danse de l'abondance ! Ouvrez vos yeux, ouvrez votre cœur et laissez-vous emporter par le tourbillon de découvertes qui vous attend. Vous êtes sur le point de créer un chef-d'œuvre, la symphonie de votre vie dans toute sa splendeur abondante.

Avec tout mon amour et ma lumière,

Corinne de Leenheer

Introduction

Si vous avez fait le choix d'adopter ce livre, il est probable que vous ayez envie de manifester l'abondance dans votre vie ou que le sujet vous intrigue. Peut-être est-ce parce que vous avez déjà essayé, mais n'y êtes pas parvenu.

Quoi qu'il en soit, vous avez fait le bon choix : l'univers pose toujours sur votre chemin ce dont vous avez besoin pour avancer dans votre expérience terrestre, n'est-ce pas ?

C'est en tout cas une croyance qui permet d'apporter dans sa vie magie, résilience et gratitude.

Mais qu'est-ce que l'abondance et comment peut-elle être au service de votre vie ? Quelles sont les différences entre la manifestation et la loi de l'attraction ? Et la magie, que vient-elle donc faire dans un ouvrage sur l'abondance ?

C'est ce que je vous propose de découvrir dans ce livre : un subtil mélange entre histoire, philosophie, introspection, exercices et rituels magiques. Vous y trouverez des réponses à toutes ces questions et plongerez dans la complexité de votre être tout entier : de votre corps, de votre esprit et de votre âme.

Finalement, la vie n'est-elle pas une rencontre merveilleuse avec le pouvoir de notre subconscient et celui de l'univers auquel nous sommes tous connectés ?

Si vous vous penchez sur les événements de votre vie, vous vous apercevrez que vous avez déjà pratiqué la manifestation et l'abondance. Choisir ce livre en est un bon exemple, tout comme lorsque vous avez fermé les yeux pendant vos fêtes d'anniversaire en faisant un vœu et en soufflant sur votre bougie de gâteau, ou encore lorsque vous avez demandé à Dieu, Jésus ou l'univers de vous octroyer quelque chose. Ce ne sont que quelques exemples, mais il en existe tellement d'autres !

Pourquoi certaines personnes semblent-elles vivre une vie où l'abondance est présente dans tous les domaines (vie familiale, amicale, amoureuse, professionnelle, finances) alors que d'autres n'y parviennent pas malgré les efforts qu'ils fournissent ? J'ai écrit ce livre afin de vous permettre d'avoir des clés pour ouvrir la porte de la réussite et de l'abondance.

MON EXPÉRIENCE PERSONNELLE AVEC LA MANIFESTATION ET L'ABONDANCE

Si vous me lisez aujourd'hui, c'est grâce à ma pratique quotidienne de l'abondance et de la manifestation. En effet, c'est grâce à elle que je suis devenue autrice. Comment cela s'est-il passé ?

Depuis enfant, j'aime écrire des histoires. Je perçois dans les mots tout comme dans leur interprétation un pouvoir inestimable au service de la vie. Mes croyances et mes peurs m'ont longtemps fait penser que mes écrits étaient destinés à rester dans l'ombre de mon vivant. Je pensais avec romantisme que ceux-ci seraient dévoilés après la fin de mon corps physique et qu'ils seraient ensuite publiés.

Mais une phrase de mon père mourant m'a interpellée : « *Poupouille, un jour tes livres seront lus par des milliers de personnes et tu leur apporteras l'espoir. Je l'ai vu dans mes rêves et cela fait longtemps que je te le souhaite, dans mon cœur.* »

Mon père a alors ouvert une brèche dans mes croyances. Il a ouvert la porte des possibles et du changement de réalité grâce à ce qu'il désirait pour moi dans son cœur. Il avait déjà commencé à manifester ce souhait pour moi.

Après le deuil, j'ai abandonné l'écriture pendant un temps jusqu'à ce que soudainement, après quelques années, je rêve de mon père. Il me disait de ne pas abandonner ces gens qui attendaient l'espoir. Je me suis sentie vibrer d'une façon différente ce matin-là. Comme si on m'invitait à initier le chemin. Et c'est ce que j'ai fait. Sans le savoir à l'époque, j'ai pratiqué la loi de l'attraction, la manifestation.

Tous les matins au réveil, j'imaginais être cette autrice qui prenait plaisir à apprendre pour ensuite transmettre au travers de livres. Ceux-ci incarnaient également ma vision de la vie, car ils transmettaient les savoirs ancestraux de civilisations merveilleuses.

J'imaginais cette vie dans les moindres détails : j'imaginais recevoir un mail d'une maison d'édition, les thématiques qui viendraient vers moi, le processus d'écriture et où j'écrirai mes livres. Je m'imaginais voir mes livres dans mes librairies préférées et me voyais signer des exemplaires à des personnes en quête d'espoir. Je me voyais heureuse et je voyais l'espoir naître auprès de mes lecteurs et lectrices.

Ce qui s'ensuivit est merveilleux : neuf mois plus tard, le temps d'une grossesse, une maison d'édition me contacta pour écrire sur la thématique que j'imaginais alors comme premier livre : la beauté holistique. À ce moment-là, cette thématique était située dans ma zone de confort.

Cette maison d'édition, c'est Secret d'étoiles. Elle était aussi, à l'époque, en plein processus de naissance. Merveilleux, n'est-ce pas ?

Depuis, j'ai continué à pratiquer la loi d'attraction et la manifestation au quotidien sur d'autres sphères de ma vie et je suis heureuse de voir celle-ci évoluer vers la vision de ma vie que j'imagine être la plus juste pour moi dans cette incarnation terrestre.

Si je suis parvenue à manifester quelque chose d'aussi puissant dans ma vie en si peu de temps alors que je venais de perdre mes parents et étais dans une énergie de maladie qui me terrassait, vous le pouvez aussi. Vous aussi avez le pouvoir de manifester une vie emplie de magie et d'abondance.

Je vous livre ici le secret du processus, selon moi. Vous tenez entre vos mains un manuel qui vous permettra de gagner du temps et de l'énergie : vous n'aurez pas à lire 45 livres et à appliquer leurs principes de façon plus ou moins aléatoire, de-ci, de-là. Vous aurez à votre disposition une *roadmap* testée qui fonctionne, avec de jolis rituels magiques incorporés, que vous pourrez suivre.

PRÉCISIONS IMPORTANTES AU SUJET DE CE LIVRE

J'ai écrit ce livre afin qu'il soit bien plus qu'un simple livre que l'on achète, lit et range dans sa bibliothèque. Je l'ai conçu comme un guide, un mode d'emploi qui vous accompagnera tout au long de votre cheminement vers l'abondance.

Vous pourrez vous y plonger une première fois puis y revenir pour continuer d'avancer.

Peu importe votre situation actuelle de départ, il vous sera utile.

Il est également important de préciser que la notion d'abondance est universelle et intemporelle : elle est répertoriée tout au long de l'histoire de l'humanité et partout sur le globe. Elle peut être libre de tout dogme/religion, mais certaines religions en parlent également. J'y fais référence de-ci de-là dans ce livre : mon but n'est pas de parler d'une seule vérité, mais bien de faire un état des lieux de l'abondance et, au passage, de découvrir également ses contextes sociohistoriques.

Lorsque vous découvrirez l'échelle des niveaux de conscience, ne vous effrayez pas. Si vous êtes tout en bas de l'échelle, considérez les niveaux à gravir comme une merveilleuse aventure qui se présente à vous et non pas comme des blocages.

Ne soyez pas non plus impatient : certaines personnes cheminent plus rapidement ; d'autres beaucoup plus lentement. Il n'y a pas de règle à ce sujet. Chaque petit pas est important.

Partir à la découverte d'un monde qui s'ouvre à nos yeux et à notre âme peut s'avérer quelquefois complexe, voire douloureux.

À ce sujet, certains exercices vont peut-être éveiller en vous des émotions profondes. Certaines pourront mêmes être brutales et sauvages.

Si vous ressentez de la panique, c'est totalement normal.

Cependant, si ce parcours vous semble « trop » intense et douloureux, n'hésitez pas à vous faire accompagner par un(e) professionnel(le).

Ce livre a été rédigé afin de vous accompagner tout au long de votre cheminement dans votre quête de l'abondance. La première lecture vous permettra d'enclencher le chemin, de réaliser des pas vers l'abondance. Mais vous pourrez y revenir plus tard, lorsque vous aurez déjà cheminé. Vous aurez une autre lecture, une autre compréhension vis-à-vis de certains passages et exercices qui vous ont semblé difficiles à la première lecture.

Voyez ce chemin comme le parcours de l'univers et de la vie. Il était une fois le néant et l'immobilité. Soudain, une étincelle jaillit puis c'est l'explosion avec la création de systèmes solaires. Après leur intégration recommence un nouveau cycle. Il en est de même ici : après avoir étudié, accepté et intégré le système de l'abondance, vous recommencerez une nouvelle boucle de découverte, d'acceptation et d'intégration. Les blocages volent en éclat et plus on chemine, plus on découvre la magie et les merveilles de ce que l'on nomme la vie.

À la fin du livre, vous trouverez quelques rituels légers et ludiques sur la magie de l'abondance.

Voyez-les comme la cerise sur le gâteau, une jolie récompense après avoir abordé des sujets bien plus inconfortables. Comme le dit l'univers, « *je t'ai rendu inconfortable, sinon tu n'aurais pas bougé* ».

Mais avant toute chose, revenons aux notions de base afin de comprendre les différences et les points de connexion entre celles-ci.

CHAPITRE 1

Comprendre les notions en jeu

Dans la quête de l'abondance se cache le pouvoir intérieur, un outil mystérieux et puissant. Cette force invisible, tissée de pensées et de croyances, guide notre destinée. Dans les prochaines pages, je vous propose de voir/revoir quelques notions et définitions essentielles, en explorant leurs subtilités. Cela vous permettra ensuite de plonger à cœur ouvert dans la découverte de ce pouvoir intérieur qui transformera votre vie de façon positive.

Quelques définitions essentielles

L'ABONDANCE

Elle renvoie à l'idée d'avoir dans sa vie quelque chose de façon suffisante. Ce quelque chose est personnel : être entouré de personnes qui vous apprécient de façon authentique, être enveloppé d'amour, de tendresse et de respect, vivre avec des ressources financières qui vous permettent de passer des moments qualitatifs ou de réaliser des rêves. L'abondance s'oppose au manque.

LA LOI DE L'ATTRACTION

Elle consiste à recevoir des choses situées sur le même palier énergétique que celui dans lequel vous vibrez à un moment précis.

La loi de l'attraction est un principe fondamental qui postule que les pensées, les émotions et les vibrations que nous émettons attirent des expériences similaires dans notre vie. En d'autres termes, ce que nous pensons et ressentons crée un champ magnétique qui influence la réalité que nous attirons. Pour rendre cette explication plus concrète, imaginez que vous êtes un aimant vivant. Chaque pensée que vous avez, chaque émotion que vous ressentez émet une fréquence énergétique spécifique. Ces fréquences agissent comme des signaux que vous envoyez à l'univers, et l'univers y répond en vous envoyant des expériences qui sont en résonance avec ces signaux.

Par exemple, si vous êtes constamment préoccupé par le manque d'argent et que vous ressentez de l'anxiété à ce sujet, vous émettez une fréquence énergétique de manque et d'inquiétude. Selon la loi de l'attraction, cette fréquence attire davantage de situations et d'expériences qui renforcent ces sentiments de manque.

D'un autre côté, si vous cultivez des pensées positives d'abondance et de gratitude pour ce que vous avez, vous émettez une fréquence énergétique différente, plus alignée avec l'abondance. En conséquence, l'univers répond en vous envoyant des opportunités et des circonstances qui reflètent cette énergie positive.

La clé réside dans la conscience de vos pensées et de vos émotions. Si vous voulez attirer des choses positives dans votre vie, il est essentiel de surveiller vos pensées et de les orienter délibérément vers ce que vous désirez. Cela implique de visualiser vos objectifs, de ressentir les émotions positives associées à leur réalisation et d'agir en conséquence.

Il est important de noter que la loi de l'attraction ne consiste pas simplement à demander quelque chose puis à l'obtenir immédiatement. Elle ne fonctionne pas de cette façon, mais nécessite un effort continu pour maintenir une énergie positive et pour rester aligné avec vos désirs. De plus, il est essentiel d'agir de manière cohérente vers vos objectifs, car l'univers répond également à vos actions.

En somme, la loi de l'attraction est un outil puissant qui met en évidence la connexion entre nos pensées, nos émotions et notre réalité. En comprenant comment nos vibrations énergétiques influencent notre expérience de vie, nous pouvons devenir des co-créateurs actifs de notre destinée, attirer consciemment des expériences positives et manifester nos désirs les plus profonds.

LA MANIFESTATION

La manifestation consiste à créer de façon totalement consciente une vibration positive sur un palier énergétique supérieur au travers de techniques telles que la méditation, la prière, les affirmations positives et la visualisation afin que ce que vous désirez apparaisse dans votre vie malgré votre énergie plus basse.

La manifestation est le processus par lequel vous transformez vos pensées, vos émotions et vos désirs en réalité tangible. Elle permet de passer d'une idée ou d'un rêve abstrait à quelque chose de concret et d'expérientiel.

Maintenant que nous avons vu ces notions de la façon la plus concise et efficiente possible, vous vous posez sans doute la question suivante : est-ce que l'abondance relève de la science, de la magie, de la philosophie ou de quelque chose d'autre comme la spiritualité ?

Pour répondre à cette question, il me paraît essentiel de plonger dans l'histoire de la loi de l'attraction, de la manifestation et la loi de l'abondance.

Quelques repères historiques

Si vous pensez que *The Secret*, en 2006, a amorcé l'ouverture de la voie de la manifestation dans la vie des gens, vous êtes dans l'erreur et quelques millénaires en retard !

Même si ce livre a été un succès monumental (il coïncide avec une mise en lumière médiatique des concepts de l'abondance, de la manifestation et de la loi d'attraction grâce au boom des réseaux socionumériques), la loi de l'attraction, la manifestation et la loi de l'abondance ont existé au sein de civilisations qui ont brillé par leur richesse, tant dans l'opulence de biens que dans la magnificence de leur histoire.

Faisons un bond en arrière et revenons pas à pas vers notre époque moderne.

L'ÉGYPTE ANTIQUE

Dans ces temps reculés, la manifestation et la notion d'abondance étaient déjà bien présentes. Les croyances de l'époque étaient que ce voile de réalité[1] menait vers un autre monde au moment du décès physique des personnes. Les pharaons étaient d'ailleurs ensevelis avec tout un arsenal leur permettant de vivre de façon abondante dans le prochain voile de réalité.

LA GRÈCE ANTIQUE

Aux environs de 1500 av. J.-C., le concept de la manifestation était populaire au sein du peuple grec. La différence majeure entre leur vision de cette notion et la nôtre est que seuls les dieux étaient capables de manifester quelque chose dans la matière.

Je trouve fascinantes les nombreuses formes que peut prendre la spiritualité à travers le temps et les civilisations, mais aussi de quelles façons les référentiels que nous créons peuvent interférer avec celle-ci.

Pour les Grecs de cette époque, si un dieu désirait que quelque chose se produise, alors il était évident que cela arriverait, sauf si une autre déité s'y opposait. À cette

1 | Un voile de réalité s'apparente à une couche de perception. Une personne très fermée se trouvera dans une couche de perception différente qu'un médium. Nous vivons tous dans une couche personnelle.

époque, les dieux étaient personnifiés et arboraient des qualités physiques. De nos jours, nous considérons davantage une énergie fluide et belle qui n'est pas personnifiée, mais sous forme de lumière.

Dans la mythologie grecque, il existe plusieurs dieux et déesses associés à l'abondance, à la fertilité et aux récoltes. Voici quelques-uns des principaux dieux grecs liés à cette thématique :

* **Déméter :** la déesse de l'agriculture, des récoltes et de la fertilité de la terre était vénérée comme la protectrice des cultures, des moissons et des saisons. Elle était souvent représentée tenant une gerbe de blé ou une corne d'abondance.

* **Dionysos :** le dieu du vin, de la vigne et de l'abondance était associé à la fertilité des terres cultivées de vignes et de raisins. Il symbolisait également la joie, la fête et l'abondance de la vie.

* **Éleusis :** ce héros divinisé est associé à la fertilité des sols et à la prospérité agricole. Il était vénéré à Éleusis, une ville en Attique, où les mystères du même nom étaient célébrés en son honneur.

* **Triptolème :** cet autre héros de la mythologie grecque était un disciple de Déméter à qui elle a confié les secrets de l'agriculture. Il était considéré comme le messager de la déesse et le diffuseur des connaissances agricoles.

* **Ploutos :** le dieu de la richesse et de l'abondance était souvent représenté comme un jeune homme portant une corne d'abondance débordante de fruits et de richesses.

Ces divinités étaient vénérées dans le cadre de rituels, de célébrations et de festivals pour assurer la fertilité des terres, le succès des récoltes et la prospérité agricole. Les Grecs cherchaient à obtenir leurs bénédictions et leurs faveurs en espérant ainsi une abondance constante dans leur vie quotidienne.

L'EMPIRE ROMAIN

À l'époque romaine, la notion d'abondance occupait une place centrale dans la vie quotidienne, la culture et la philosophie. Elle était un idéal recherché et célébré, tant sur le plan matériel que spirituel.

Sur le plan matériel, l'abondance était souvent associée à la richesse et à la prospérité économique de l'Empire romain. Les Romains valorisaient grandement la possession de biens matériels et s'efforçaient d'accumuler des richesses. La société romaine était caractérisée par une économie florissante, une agriculture productive et un commerce étendu, ce qui permettait aux citoyens romains de jouir d'un niveau de vie élevé et de profiter d'une variété de produits.

L'abondance était également un symbole de statut social et de pouvoir. Les riches Romains exhibaient leurs richesses à travers des résidences luxueuses, des vêtements somptueux, des festins opulents et des possessions matérielles ostentatoires. L'abondance matérielle était considérée comme un signe de succès et de prestige dans la société romaine.

Cependant, l'abondance dans la culture romaine ne se limitait pas simplement à la richesse matérielle. Les Romains reconnaissaient également l'importance de l'abondance dans d'autres aspects de la vie tels que la nourriture, la santé, la famille et les relations sociales. La nourriture en abondance était valorisée et les Romains organisaient de somptueux banquets pour célébrer l'abondance de leurs ressources alimentaires. Les bains publics, les aqueducs et les installations médicales témoignaient de l'importance accordée à la santé et au bien-être. Le bien-être forme le socle sur lequel repose notre capacité à cultiver et à exprimer notre pouvoir intérieur, facilitant ainsi notre cheminement vers l'abondance. En intégrant des pratiques et des habitudes qui favorisent le bien-être à tous les niveaux, nous créons un environnement propice à l'épanouissement personnel et à l'attraction de la prospérité dans tous les aspects de notre vie.

Sur le plan spirituel, l'abondance était liée à la religion et à la croyance en la providence divine. Les Romains vénéraient une multitude de dieux et déesses, dont beaucoup étaient associés à l'abondance, à la fertilité et aux récoltes. Des rites et des cérémonies religieuses étaient organisés pour honorer ces divinités et solliciter leur bénédiction afin d'obtenir une abondance continue dans tous les aspects de la vie.

Voici quelques-uns des principaux dieux romains liés à l'abondance :

* **Cérès :** la déesse de l'agriculture, des récoltes et de la fertilité était vénérée comme la protectrice des cultures et des moissons. Elle était souvent représentée avec des épis de blé et des fruits, symbolisant l'abondance.

* **Liber et Libera :** Liber (ou Bacchus) et Libera (ou Proserpine) étaient des dieux associés à la fertilité et aux récoltes. Liber était lié à la vigne, au vin et à la fête tandis que Libera était associée à la végétation et à la fertilité des terres.

* **Faunus :** le dieu des troupeaux, de la fertilité des terres et des récoltes était considéré comme le protecteur des pâturages et des champs cultivés. Il était vénéré pour sa capacité à favoriser la croissance des cultures et le succès des récoltes.

* **Pomone :** la déesse des fruits et des vergers était vénérée pour sa capacité à favoriser la croissance des arbres fruitiers et à garantir une abondance de fruits. Elle était souvent représentée avec des corbeilles de fruits.

* **Ops :** la déesse de l'abondance, de la richesse et de la fertilité était vénérée comme une déesse bienfaitrice qui apportait la prospérité et la fertilité, à la fois dans le domaine agricole et économique.

L'empereur lui-même était souvent considéré comme le garant de l'abondance pour l'Empire romain. Il était censé maintenir la stabilité économique, promouvoir la prospérité et veiller à ce que les citoyens jouissent d'une vie confortable et prospère. L'abondance était donc étroitement liée à la gouvernance impériale et au pouvoir politique.

Cependant, malgré cette quête constante d'abondance, on trouvait aussi dans l'Empire romain une conscience de la fragilité de cette réalité. Les Romains étaient conscients de l'impermanence de la prospérité et de la vulnérabilité de leur empire face aux changements politiques, économiques et militaires. Les périodes de disette, de guerre ou de troubles pouvaient facilement perturber l'abondance et plonger la société romaine dans la crise.

En conclusion, l'abondance à l'époque romaine était un idéal recherché et valorisé à la fois sur le plan matériel et spirituel. La richesse matérielle, la prospérité économique, la santé, la famille et la religion étaient tous des éléments importants de cette notion d'abondance. Cependant, les Romains étaient également conscients de la fragilité de cette réalité et de la nécessité de prendre des mesures pour maintenir et préserver cette abondance dans un monde en perpétuel changement. Parmi ces mesures figurent l'agriculture et l'ingénierie hydraulique qui ont permis de faire évoluer l'agriculture et proposer des cultures plus intensives permettant de nourrir toute la population. Ensuite, des réseaux de routes et de voies maritimes ont été créés afin de pouvoir distribuer plus facilement, plus rapidement et à plus vaste échelle les produits issus de l'agriculture. Cela a contribué à une économie prospère et à l'abondance des ressources dans les nombreuses régions de l'empire. Mais ce n'est pas tout. Des politiques fiscales et monétaires ont été mises en place afin d'encourager la production agricole et le commerce en dehors de l'Empire romain. Et, finalement, les Romains ont investi massivement dans des projets d'infrastructures pour stimuler l'économie : création d'emplois, développement urbain et rural. L'ensemble de ces mesures a permis aux Romains de vivre dans la prospérité et l'abondance.

LES VIKINGS

L'époque des Vikings était marquée par une relation étroite entre l'homme et la nature. La notion d'abondance jouait un rôle crucial dans la vie quotidienne. Les Vikings étaient des navigateurs, des explorateurs et des commerçants qui dépendaient de la terre, de la mer et des ressources naturelles pour leur subsistance.

Pour eux, l'abondance était liée à la fertilité de la terre et à une bonne récolte. Ils vivaient dans des sociétés agraires et élevaient du bétail, cultivaient des céréales et pêchaient dans les eaux environnantes. Une récolte abondante et des pâturages prospères étaient essentiels pour nourrir les communautés vikings et assurer leur survie pendant les longs hivers rigoureux.

La déesse principale associée à l'abondance chez les Vikings était Freyja, déesse de l'amour, de la beauté et de la fertilité.

Freyja était honorée pour sa capacité à favoriser la croissance des cultures, la prospérité des troupeaux et la fécondité des femmes. Les Vikings lui offraient des prières et des sacrifices dans l'espoir d'obtenir son soutien pour une abondance durable.

L'abondance chez les Vikings ne se limitait pas seulement à la subsistance matérielle, mais englobait également d'autres aspects de la vie. Les récits mythologiques vikings évoquent des banquets somptueux où la nourriture, la boisson et la joie abondaient. Ces festins étaient considérés comme des occasions de célébration et de partage. L'abondance y était un signe de richesse et de prospérité.

Les Vikings valorisaient également les trésors et les richesses matérielles. Le pillage et le commerce faisaient partie intégrante de leur culture, et la découverte de nouvelles terres comme de nouveaux horizons ouvrait des possibilités d'acquérir des richesses supplémentaires. Ce peuple cherchait activement l'abondance sous forme de butin, d'or, d'argent et autres objets précieux.

Cependant, l'abondance chez les Vikings n'était pas seulement liée à une quête de biens matériels. Ils accordaient une grande importance à l'honneur, à la renommée et à la générosité. L'abondance de courage, de bravoure et de générosité était également valorisée, car ces qualités étaient considérées comme des signes de force et de noblesse.

Ainsi, l'abondance à l'époque des Vikings était une notion qui englobait la fertilité de la terre, la prospérité des troupeaux, l'acquisition de richesses matérielles et la célébration de la vie. Les Vikings entretenaient une relation étroite avec la nature et les forces qui régissaient leur environnement, et ils s'efforçaient de vivre en harmonie avec ces éléments pour assurer une abondance durable dans tous les aspects de leur existence.

LE BOUDDHISME

Aux alentours de 600 av. J.-C. à 400 av. J.-C. Bouddha aurait dit : « *Tout ce que nous sommes est le résultat de nos pensées.* »

Dans le bouddhisme, la notion d'abondance revêt une signification profonde et subtile. Le bouddhisme propose une perspective différente de l'acception conventionnelle qui lie l'abondance à la possession matérielle et à l'accumulation de richesses.

Dans les enseignements bouddhistes, l'abondance est associée à la culture de la richesse intérieure, une plénitude de l'esprit qui transcende les biens matériels. Il s'agit d'une expérience de satisfaction profonde qui découle de la compréhension de la nature éphémère et insatisfaisante des choses matérielles.

Selon le bouddhisme, l'attachement excessif aux biens matériels est une source de souffrance. Les désirs insatiables et la quête permanente de possessions ne font qu'alimenter un cycle sans fin de désir et de frustration. Au lieu de cela, le bouddhisme encourage à cultiver l'abondance intérieure à travers des pratiques telles que la méditation, la pleine conscience et la compassion.

La méditation permet de calmer l'esprit et de se libérer des attachements et des aversions. En observant les pensées et les émotions sans s'y attacher, on découvre une profonde paix intérieure qui est indépendante des conditions extérieures. C'est une forme d'abondance spirituelle qui ne dépend pas des circonstances externes.

La pleine conscience, quant à elle, nous aide à savourer pleinement chaque instant présent. Au lieu de se projeter dans le futur ou de s'accrocher au passé, on apprend à être pleinement conscient de ce qui se passe ici et maintenant. Cela nous permet de reconnaître la beauté et la richesse présentes dans chaque instant de notre vie, même dans les choses les plus simples.

La compassion joue également un rôle essentiel dans la compréhension de l'abondance bouddhiste. En développant la bienveillance envers tous les êtres, on comprend que la véritable richesse réside dans la générosité et le partage. En cultivant l'altruisme et la compassion, on découvre une source inépuisable de joie et de contentement qui se manifeste par le don de soi et le service aux autres.

L'abondance dans le bouddhisme ne se mesure donc pas en termes de possessions matérielles, mais plutôt en termes d'épanouissement spirituel et de bien-être mental. C'est une manière de vivre en harmonie avec les réalités changeantes de l'existence, en reconnaissant que la véritable richesse réside dans la paix intérieure, la conscience éveillée[2] et l'amour bienveillant envers tous les êtres.

Le bouddhisme propose une conception profonde et équilibrée de l'abondance. Il nous invite à explorer notre monde intérieur, à cultiver des qualités positives et à trouver la véritable richesse au-delà des biens matériels. C'est une invitation à vivre dans la gratitude, la pleine conscience et la compassion afin de découvrir une abondance qui ne connaît pas de limites.

LA BIBLE

Aussi étrange que cela puisse vous paraître, la notion de la loi de l'attraction est bien présente dans les écrits bibliques et notamment dans les textes de Matthieu et Luc. L'ayant lue et étudiée, je peux vous citer quelques versets de la Bible qui font référence à la loi de l'attraction et à la manière dont Jésus propose de l'appliquer tous les jours de notre vie.

2 | La conscience éveillée/en état d'éveil est une compréhension plus profonde de soi, des autres et de l'univers dans son ensemble.

Il en existe beaucoup qui se répètent sous diverses formulations, je vous propose ici de prendre connaissance de celles qui me sont le plus familières.

* **Genèse, 1 : 25 :** « *Et Dieu créa les animaux de la Terre à son image et le bétail selon son espèce et tout ce qui rampe selon son espèce. Et Dieu a vu que cela était bon.* »

Ce verset explique que tout est créé deux fois ou que les pensées deviennent matière, tout comme dans la loi de l'attraction. Ici, Dieu parle de faire à son image et plus loin, aux versets 1 : 26 et 1 : 27, la Bible dit : « *Dieu créa l'homme à son image, il le créa à l'image de Dieu, il créa l'homme et la femme.* »

Ces versets véhiculent l'idée que Dieu nous a créés à son image, celle du pouvoir créateur, et que tout comme lui, nous pouvons manifester des miracles en son nom. Vous avez bien évidemment la liberté d'y croire ou de ne pas y croire, selon votre système de croyances. Mais le message y est.

* **Matthieu, 7 : 7 :** « *Demandez et il vous sera donné ; cherchez et vous trouverez ; toquez et il vous sera donné l'entrée.* »

* **Matthieu, 9 : 29 :** « *Qu'il vous soit fait selon votre foi.* »

Selon ces versets, la notion de l'arrivée dans notre vie de quelque chose implique de croire, d'avoir la foi.

Et bien que dans la Bible l'on fasse référence à Dieu comme l'architecte du monde, je ne pense pas qu'il s'offusque de voir que certains humains font référence à lui de façon non religieuse en le nommant « Source » ou « univers ». Car l'énergie de la création est amour et amour elle demeurera bien au-delà de notre existence terrestre.

Remettons un instant le concept de la manifestation en perspective et souvenons-nous des paroles de Jacques 2 : 17 : « *De la même manière, la foi par elle-même, si elle n'est pas accompagnée d'action, est morte.* »

Que l'on prie à l'univers ou à Dieu, si l'on ne met ensuite rien en place pour permettre à nos demandes de prendre vie dans la matière, rien ne se passe.

* **Matthieu, 21 : 22 :** « *Tout ce que vous demanderez avec foi par la prière, vous le recevrez.* »

Dans ce verset, Matthieu radote un peu son verset 7 : 7, mais ne lui en tenons pas rigueur : il avait ce désir de transmettre cette magie au monde.

D'ailleurs, dans la Bible, on retrouve énormément de versets qui parlent de demander, croire et recevoir. Même si dans la majorité des ouvrages qui parlent de la loi de l'attraction, on ne trouve pas de références à des prières chrétiennes, le fait est que tous les ouvrages tiennent un discours identique : la loi de l'attraction fonctionne dès lors que l'on croit et que l'on effectue des pas permettant de transposer la pensée créatrice dans la matière, que ceux-ci soient totalement conscients ou non.

* **Philippiens, 4 : 6-7 :** « *Que votre douceur soit connue de tous les hommes. Le Seigneur est proche. Ne vous inquiétez de rien ; mais en toute chose, faites connaître vos besoins à Dieu par des prières et des supplications, avec des actions de grâces. Et la paix de Dieu, qui surpasse toute intelligence, gardera vos cœurs et vos pensées en Jésus-Christ.* »

Ce verset signifie que Dieu est à nos côtés, quoi qu'il arrive. Dès lors, la gratitude est de mise. D'ailleurs, dans la loi de l'attraction, la gratitude d'avoir tout ce que nous avons déjà est largement mise en avant. Et cela rejoint également la notion d'abondance qui est le sujet principal de ce livre.

Voyez-vous toutes les connexions se dessiner au fur et à mesure des mots qui défilent devant vos yeux ?

* **Marc, 9 : 23 :** « *Jésus lui dit : Si, tu peux ! Tout est possible à celui qui croit.* »

Lorsqu'on commence à travailler avec la loi de l'attraction, la manifestation et que l'on désire faire entrer l'abondance dans sa vie, on se relie à une notion de miracle. On se relie à quelque chose que l'on ne croit pas possible et qui survient dans la vie.

Dans la Bible, on lit plusieurs fois que des miracles se produisent au travers de paraboles : lorsque Pierre a cru qu'il pouvait marcher sur l'eau, il a marché sur l'eau. Dans le livre de Daniel, Schadrac, Méschac et Abed-Nego survivent à l'épreuve de la fournaise que le roi Nebucadnetsar leur impose pour ne pas avoir adoré une idole religieuse et en sortent totalement indemnes. Tout comme une histoire racontant que les fakirs marchent sur des braises sans se brûler les pieds relève de la notion de miracle. Il en existe des millions recensés au cours de l'histoire de l'humanité.

Penchons-nous maintenant un instant devant les paroles de Timothée 1 : 7 : « *Ce n'est pas un esprit de peur, mais de pouvoir et d'amour que Dieu nous a donné. Et de bon sens.* »

Le concept de l'esprit plus puissant que le corps physique que l'on trouve dans la loi de l'attraction ouvre le champ des possibles dès lors que l'on agit avec croyance, foi et amour.

* **Romains, 12 : 2 :** « *Ne vous laissez plus modeler par ce monde, mais transformez-vous en renouvelant votre manière de penser, afin de pouvoir vérifier personnellement quelle est la volonté de Dieu : ce qui est bon, ce qui convient, ce qui est parfait* » (traduction de Monde nouveau).

Wayne W. Dyer, auteur international de livres de développement personnel, a dit plus tard quelque chose de similaire : « *Change la façon dont tu regardes les choses et les choses que tu regardes changeront.* »

* **Proverbe, 23 : 7 :** « *Car il est comme les pensées de son âme.* »

J'apprécie particulièrement ce verset de la Bible. Il nous dit de faire attention aux pensées que nous avons, car elles font de nous ce que nous sommes. C'est un des versets les plus cités dans les cabinets de développement personnel. Il sous-entend aussi que nous ne sommes pas faits que de pensées positives et que les autres types de pensées sont un message auquel être attentifs.

* **Luc, 17 : 21 :** « *Et on ne dira point : voici, il est ici ; ou voilà, il est là ; car voici : le règne de Dieu est au-dedans de vous.* »

Par le message de ce verset, nous apprenons que Dieu a planté en nous des graines afin que nous puissions réaliser sur Terre tout ce qui l'était au paradis. D'ailleurs, un autre verset de Matthieu (6 : 10) nous dit : « *Sa volonté sera faite sur Terre comme aux cieux.* »

* **Habacuc 2 : 3 :** « *L'Éternel m'adressa la parole, et il dit : "Écris la vision : grave-la sur des tablettes afin que quiconque puisse la lire rapidement."* »

Écrire sa vision renvoie à la notion de la visualisation créative reprise dans la loi de l'attraction. On la trouve à plusieurs reprises dans la Bible.

Comme dans Proverbes 29 : 18 où l'on peut lire : « *Lorsqu'il n'y a plus de vision d'avenir, un peuple vit dans le désordre. Heureux alors est l'homme qui obéit à la loi.* » D'ailleurs, une des problématiques à l'heure actuelle est que la majorité des personnes en quête d'abondance portent la croyance qu'il suffit d'écrire ce qu'elles désirent pour que ces désirs s'incarnent dans leur existence.

À L'ÉPOQUE CONTEMPORAINE

La notion d'abondance au XIXe siècle

Au XIXe siècle, la notion d'abondance était présente dans différents aspects de la société, reflétant les idéaux et les aspirations de l'époque. Voici quelques domaines où l'abondance était valorisée et se manifestait pendant cette période.

* **L'abondance matérielle :** le XIXe siècle fut marqué par la révolution industrielle, qui a entraîné une augmentation significative de la production et des richesses matérielles.

Les progrès technologiques et l'essor de l'industrie ont permis la production à grande échelle de biens et services, offrant une plus grande variété de produits et un niveau de vie amélioré pour de nombreuses personnes. L'abondance matérielle était considérée comme un signe de progrès et de succès économique.

* **Le colonialisme et l'expansion coloniale :** le XIXe siècle a été marqué par une intense période d'expansion coloniale des puissances européennes. Les explorateurs, les commerçants et les colons cherchaient à exploiter les ressources naturelles et à établir des empires coloniaux, souvent au

nom de la recherche de richesses et de l'abondance. Les récits et les images de terres lointaines regorgeant de richesses ont suscité l'imagination et l'envie de conquête.

* **La société de consommation :** le XIXe siècle a été marqué par l'émergence de la société de consommation. La possession de biens matériels était considérée comme un symbole de statut social et de succès. Et cela l'est toujours à notre époque pour une majorité de la population. Les progrès technologiques et industriels ont rendu les biens de consommation plus accessibles tandis que l'acquisition de biens de luxe était souvent associée à un sentiment d'abondance et de gratification personnelle.

* **La littérature et les arts :** la notion d'abondance était également présente dans la littérature et les arts du XIXe siècle. Les romans de l'époque dépeignaient souvent des scènes de luxe, de faste et de richesse, créant un sentiment d'évasion et d'aspiration chez les lecteurs. Les peintures et les œuvres d'art représentaient souvent des scènes de festivités, de tables abondamment garnies et des symboles de richesse.

Le courant de la nouvelle pensée

À la fin du XIXe siècle, la manifestation a été reléguée au rôle de pseudoscience, avec les dizaines d'ouvrages publiés par des auteurs du courant de « la nouvelle pensée » ou par des philosophes et théologiens.

Le courant de la nouvelle pensée a vu le jour aux États-Unis dans les années 1830.

Ce courant composé notamment d'auteurs, de médecins, d'avocats, de philosophes, de personnes issues du monde religieux (tous dogmes confondus) partage un ensemble de croyances sur des thématiques telles que la pensée positive, la métaphysique, la loi de l'attraction, la visualisation créative, la force de la vie ou encore le pouvoir personnel.

De ce courant sont issus des dizaines de livres très intéressants et complexes sur la puissance de notre subconscient, le mentalisme[3], la loi de l'attraction et l'abondance. Des livres que j'ai dévorés et qui sont extrêmement riches d'enseignements, car ils plongent dans les méandres de l'histoire de l'humanité et des forces invisibles.

3 | Le mentalisme est un art de la performance qui implique de créer l'illusion de capacités mentales extraordinaires telles que la télépathie, la lecture de pensée et la prédiction. Les mentalistes utilisent des techniques psychologiques, des compétences d'observation et parfois des trucs de prestidigitation pour donner l'impression qu'ils peuvent lire dans les pensées des gens ou prédire des événements futurs. C'est une forme de divertissement qui repose sur la suggestion et la manipulation subtile de l'auditoire, créant ainsi l'illusion d'une perception extrasensorielle ou d'une compréhension profonde de l'esprit humain.

Le terme spécifique « loi de l'attraction » a fait son apparition pour la première fois à l'écrit sous ce terme en 1877 dans le livre *Isis dévoilée* d'Helena Blavatsky, théosophe russe. Elle y parlait du pouvoir de l'attraction qui existe entre les éléments de l'esprit[4].

Mais la première personne qui a décrit la loi de l'attraction comme principe général est Prentice Mulford. Il a ensuite publié en 1887 un essai intitulé *La Loi de la réussite*, qui parle longuement de la loi de l'attraction.

On peut également citer les écrits de Thomas Troward (1847-1916), connu comme étant l'auteur qui a le plus influencé les monographes de la loi de l'attraction, dont Rhonda Byrne (son *The Secret* est devenu viral). Il disait notamment avec éloquence : « *Mon esprit est le centre d'opérations divines.* » En effet, au cours du XXe siècle, l'intérêt pour la loi de l'attraction et la manifestation s'est profondément accru et le nombre de parutions d'ouvrages sur ces thèmes a explosé. De nombreux livres ont vu le jour, dont deux références majeures : *Think and Grow Rich* de Napoléon Hill, publié en 1937, et *Transformez votre vie* de Louise Hay (1984).

4 | Les éléments de l'esprit englobent les pensées, les émotions, les énergies vibratoires, l'intention et la concentration, qui, tous ensemble, influencent la manière dont nous percevons et interagissons avec le monde, ainsi que notre capacité à attirer des expériences positives ou négatives dans nos vies.

Énergies et vibrations

LES 10 LOIS DE L'ABONDANCE

Tout ce dont nous avons besoin se trouve à disposition et de façon illimitée dans l'univers. Autrement dit, tout ce que nous rêvons d'avoir de façon abondante dans notre vie nous attend déjà et attend qu'on le réclame. Mais pour parvenir à cette prise de conscience, il existe ce que l'on nomme « les lois de l'abondance ». Elles constituent des repères permettant de se focaliser énergétiquement sur notre vision de l'abondance et guident de façon thématique le travail à réaliser. Je vous propose de les découvrir plus en détail.

1/ **La loi de l'attraction :** les pensées et les émotions que nous émettons attirent des expériences similaires dans nos vies.

2/ **La loi de la circulation :** l'abondance se manifeste lorsque l'énergie circule librement à travers nous et que nous partageons généreusement avec les autres.

3/ **La loi de la gratitude :** cultiver un état d'esprit de gratitude ouvre les portes à davantage d'abondance.

4/ **La loi de l'harmonie :** en alignant nos actions avec les rythmes naturels de l'univers, nous créons un espace propice à l'abondance.

5/ **La loi du don inconditionnel :** en donnant sans attentes ni condition, nous créons un flux constant d'énergie et d'abondance.

6/ **La loi de la manifestation :** nos pensées, nos émotions et nos actions créent notre réalité et attirent des expériences correspondantes.

7/ **La loi du détachement :** être détaché des résultats permet à l'abondance de circuler plus librement dans nos vies.

8/ **La loi de l'action inspirée :** prendre des mesures inspirées dans la direction de nos rêves attire l'abondance vers nous.

9/ **La loi de l'alignement :** être en harmonie avec nos valeurs, nos désirs profonds et notre moi authentique ouvre les portes de l'abondance.

10/ **La loi de la patience et de la persévérance :** l'abondance se développe progressivement, en cultivant la patience et en persévérant malgré les défis.

Chacune de ces lois offre une perspective unique sur la manière dont l'abondance peut se manifester dans nos vies. En les comprenant et en les intégrant, nous pouvons ouvrir les portes à un flux constant de richesses et de possibilités.

Les 10 lois de l'abondance sont souvent associées à divers philosophes, enseignants spirituels et auteurs du développement personnel qui ont contribué à les populariser. Parmi eux, Deepak Chopra, Napoleon Hill, Louise Hay pour ne pas les citer tous. Ils se sont imprégnés des enseignements de Lao Tseu, Socrate, Platon ou encore Bouddha et Aristote. Bien que ces lois n'aient pas d'origine spécifique ou de source unique, elles ont été énoncées et interprétées de diverses manières par différentes personnes à travers l'histoire.

Certains enseignants spirituels et penseurs du développement personnel tels que des auteurs de livres et des conférenciers motivants ont commencé à formuler ces lois en se basant sur des principes de pensée positive, de spiritualité, et de croissance personnelle. Leur objectif était d'aider les individus à cultiver un état d'esprit propice à l'abondance et à l'épanouissement dans tous les aspects de leur vie.

Ces lois se sont progressivement intégrées dans des pratiques de méditation, de visualisation et de techniques de manifestation, devenant ainsi des principes fondamentaux largement adoptés dans les domaines du bien-être personnel, du succès financier et de la réalisation des objectifs de vie. Bien que les origines exactes de ces lois ne puissent être attribuées à une seule personne ou à un seul moment précis, elles ont gagné en popularité au fil du temps grâce à leur application pratique et à leur impact positif sur la vie de nombreuses personnes.

DE NOMBREUX RÉFÉRENTIELS AUX CONCLUSIONS SIMILAIRES

Pourquoi certaines personnes expérimentant des situations similaires viventelles des vies totalement différentes ? Les unes expérimentent une vie de bonheur et d'abondance tandis que les autres font face à une spirale de malheurs et de précarité. Pourquoi certaines personnes pratiquent-elles des techniques censées attirer l'abondance dans leur vie et observent des résultats probants alors que d'autres réalisent ces mêmes pratiques et restent coincées dans leur situation initiale ?

C'est étrange, n'est-ce pas ? Quels sont les facteurs de réussite ou d'échec ? Ce sujet est extrêmement complexe. Je vous propose ici de le découvrir afin que vous puissiez avoir les clés de la réussite et de l'abondance.

Il existe de nombreuses informations au sujet des référentiels dans les domaines des neurosciences, de la neuroplasticité, de la spiritualité. Tout vous semble sans doute interconnecté mais la multitude d'informations disponibles vous plonge dans un flou immense, vous empêchant d'avancer.

Il existe plusieurs référentiels autour de la thématique des paliers énergétiques (que vous découvrirez d'ici peu) : la pyramide de Maslow, l'échelle émotionnelle d'Abraham

Hicks, les niveaux de conscience abordés de façon plus ou moins cartésienne/spirituelle ou encore les archétypes de Jung et le travail de l'ombre[5].

Mais une constatation saute aux yeux lorsqu'on les analyse : dans tous les cas, on ne peut pas passer au niveau suivant sans passer à l'action, sans croire que cela fonctionnera réellement. Et on ne peut pas passer à l'action sans prise de conscience. Et on ne peut pas prendre conscience sans un élément déclencheur. Cet élément déclencheur prend racine dans une émotion. Tout part d'une émotion, d'un déclencheur généré par une croyance, et donc d'un état interne. Ensuite vient le rayonnement vers l'extérieur. L'univers tout entier est fait de vibrations, d'énergie, de flux. Et chaque personne rayonne un flux énergétique vers l'extérieur.

Un deuxième point commun à toutes ces théories saute aux yeux : plus la personne se positionne en bas des échelles des référentiels, plus sa vie est médiocre. À l'inverse, plus la personne se positionne en haut dans ces échelles, plus sa vie se transforme pour le meilleur (et peu importe quelle est sa notion du « meilleur »).

Dans le cadre de ce livre, j'ai utilisé mes connaissances des référentiels existants cités plus haut pour créer un seul outil de travail.

Pourquoi ? Parce que ces différents référentiels se rejoignent toujours au niveau des mesures des paliers énergétiques et du niveau de conscience (que vous allez découvrir dans les paragraphes qui suivent) bien qu'ils portent des noms distincts, aient été étudiés et déployés par des personnalités tant scientifiques que spirituelles. Autrement dit, il existe des connexions entre toutes ces mesures.

L'objectif de cet ouvrage n'est pas de vous perdre dans l'explication de plusieurs référentiels, car les juxtaposer et les comparer peut prendre du temps et de l'énergie, mais aussi ne pas faciliter la compréhension de leurs interconnexions. Ici, tout est fait pour vous faciliter l'ouverture du chemin vers l'abondance selon ce qu'elle représente pour vous personnellement.

PALIER ÉNERGÉTIQUE, NIVEAU DE CONSCIENCE ET ÉTAT ÉMOTIONNEL

Dans le cadre de mes accompagnements spirituels, j'utilise les notions de palier énergétique, de niveau de conscience et

5 | Le travail de l'ombre, selon l'approche de Carl Gustav Jung, se réfère à explorer les parties cachées et inconscientes de nous-mêmes, y compris nos peurs, nos désirs refoulés et nos aspects rejetés. Cela implique d'identifier et de reconnaître ces aspects moins visibles de notre personnalité afin de mieux comprendre nos comportements, nos émotions et nos relations. En embrassant ces aspects de nous-mêmes, nous pouvons parvenir à une meilleure intégration et à une croissance personnelle plus complète.

d'état émotionnel pour situer mes clients et les accompagner dans leur évolution.

Le palier énergétique

C'est une mesure du niveau vibratoire où se situe une personne. Vous avez déjà entendu que l'on peut « vibrer bas » ou « vibrer haut ». Le palier énergétique représente une mesure, un seuil.

Ce concept repose donc sur l'idée que chaque personne émet une fréquence énergétique en fonction de ses pensées, de ses émotions et de ses croyances.

Une personne vibre, qu'elle en soit consciente ou non. Souvent, les personnes vibrant bas n'en sont pas conscientes, car elles se situent dans des niveaux de conscience bas.

Cette notion est de l'ordre du subtil, du ressenti. L'idée fondamentale est que notre énergie intérieure joue un rôle essentiel dans la création de notre quotidien.

Le niveau de conscience

Pour bien comprendre cette notion, il faut commencer par définir ce que l'on entend par « conscience ». Qu'est-ce que « la conscience » chez l'être humain ?

La conscience de l'être humain est la faculté intrinsèque qui englobe la perception, la réflexion, la compréhension et l'expérience de soi et du monde. Cette expression complexe et unique de la conscience permet à un individu de ressentir, de penser, d'interpréter et d'agir en tant qu'entité consciente au sein de son environnement.

La conscience de l'être humain va au-delà de la simple conscience sensorielle. Elle englobe une gamme d'états et de niveaux de conscience, allant de la conscience éveillée et alerte à des états de conscience altérés, comme lors des rêves ou de méditations profondes. Elle permet à un individu de percevoir et d'interagir avec le monde extérieur ainsi qu'avec son monde intérieur de pensées, d'émotions, de souvenirs et d'intuitions.

Cette conscience se manifeste à travers différentes dimensions, notamment :

* **La conscience de soi :** c'est la capacité de reconnaître et de percevoir sa propre existence, ses pensées, ses émotions et son identité distincte par rapport aux autres et à l'environnement.

* **La conscience perceptive :** c'est la faculté de percevoir le monde extérieur à travers les cinq sens (vue, ouïe, odorat, goût, toucher) et d'interpréter les informations sensorielles pour créer une représentation mentale de la réalité.

* **La conscience réflexive :** c'est la capacité de réfléchir sur ses propres pensées, émotions et expériences ainsi que sur des concepts plus abstraits tels que le sens de la vie, la morale et la philosophie.

* **La conscience émotionnelle :** c'est la reconnaissance et la compréhension des émotions ressenties ainsi que la capacité de les exprimer et de les réguler de manière appropriée.

* **La conscience sociale :** elle renvoie à la conscience de la présence et des actions des autres individus ainsi que la compréhension des interactions sociales et des relations interpersonnelles.

* **La conscience spirituelle :** il s'agit de la perception et l'exploration de dimensions plus profondes de l'existence comme la recherche de la signification de toute chose, de la connexion spirituelle et de la transcendance.

La conscience de l'être humain évolue et se développe tout au long de la vie, influencée par l'apprentissage, les expériences, l'éducation et la croissance personnelle. Elle est à la fois individuelle et universelle, reflétant simultanément la singularité de chaque être humain et sa participation à la conscience collective de l'humanité.

Qu'est-ce qu'un niveau de conscience ?

Un « niveau de conscience » désigne un état ou un degré de conscience et de compréhension qu'un individu atteint dans sa perception et son interprétation du monde, de soi-même et des réalités qui l'entourent. C'est une échelle graduelle qui varie en fonction de la profondeur, de la clarté et de la complexité de la conscience d'une personne à un moment donné.

Les niveaux de conscience reflètent l'étendue de la sensibilisation d'une personne à différents aspects de son existence, allant des sensations physiques à la compréhension émotionnelle, intellectuelle et spirituelle. Chaque niveau de conscience implique une capacité accrue à percevoir et à interpréter la réalité ainsi qu'à s'engager de manière réfléchie et consciente dans celle-ci.

Il correspond au niveau de perception consciente d'une personne au sujet de son soi profond et du monde qui l'entoure. Plus le niveau de conscience d'une personne est élevé, plus elle est susceptible d'adopter des comportements qui la feront vibrer plus haut et donc lui permettent d'évoluer vers sa notion personnelle de l'abondance.

Il est alors logique, si l'on se base sur ce que je vous ai expliqué ci-dessus, que si une personne se situe tout en bas d'un palier, elle ne vibre pas une énergie supérieure à ce palier. Et si l'on part du principe universel que chaque personne attire à soi ce qu'elle est à un moment précis, elle ne pourra pas passer au palier supérieur. Elle restera coincée dans un schéma qui se répétera encore et encore.

On parle ici du rayonnement de tout ce que l'on est à l'intérieur de soi, projeté à l'extérieur de soi.

L'état émotionnel

L'état émotionnel, lui, se réfère à notre expérience subjective des émotions telles que la joie, la tristesse, la colère, la peur, etc. Les états émotionnels sont des réponses psychologiques et physiologiques à des stimuli internes ou externes. Ils influencent notre humeur, notre bien-être et notre comportement. Les émotions peuvent être intenses ou légères, positives ou négatives. Elles varient en fonction de divers facteurs tels que les événements vécus, les pensées, les croyances et les interactions sociales.

La connexion entre le niveau de conscience et l'état émotionnel

La connexion entre le niveau de conscience et l'état émotionnel réside dans le fait que nos émotions peuvent être influencées par notre niveau de conscience et vice versa.

En effet, lorsque nous sommes pleinement conscients de nos pensées et de nos sensations, nous pouvons être plus attentifs à nos émotions et aux facteurs qui les déclenchent. Par exemple, si nous sommes conscients d'une pensée négative récurrente, nous pouvons prendre conscience de son impact sur notre état émotionnel et essayer de la modifier en remplaçant cette pensée par une pensée plus positive.

Par ailleurs, nos états émotionnels peuvent également affecter notre niveau de conscience. Par exemple, lorsque nous sommes submergés par des émotions intenses comme la colère ou la tristesse, il peut être difficile de maintenir un niveau de conscience élevé et de rester pleinement attentif à notre environnement. C'est-à-dire qu'il est possible d'avoir un haut niveau de conscience dans un pallier énergétique assez haut et de ressentir momentanément de la colère. Cela est problématique si ce ressenti devient de plus en plus présent. Un pallier énergétique peut sembler de prime abord être intégré mais lorsqu'un déclencheur qui n'a pas été apaisé totalement se manifeste, on peut vite rebasculer vers des paliers moins élevés.

En résumé, le niveau de conscience renvoie à notre état d'éveil et de conscience tandis que l'état émotionnel se rapporte à nos expériences subjectives des émotions. Bien qu'ils soient distincts, ils sont étroitement liés et s'influencent mutuellement dans notre expérience quotidienne.

L'état d'éveil spirituel

L'état d'éveil spirituel est un concept qui englobe une expérience de transformation intérieure profonde et une prise de conscience de la nature plus vaste de la réalité. C'est un processus par lequel une personne développe une compréhension plus profonde de soi, de l'univers et de la connexion entre toutes choses. L'éveil spirituel va au-delà des croyances religieuses spécifiques et peut être vécu de différentes manières.

L'échelle des niveaux de conscience

En coaching, j'utilise avec mes clients une méthode personnelle qui relie les connexions entre les divers référentiels existants. Je vous propose dans le cadre de ce manuscrit une version plus légère et simplifiée pour commencer de façon claire à cheminer grâce aux techniques et exercices qui vont vous être présentés dans le chapitre suivant.

Cependant, il est important de noter préalablement que les deux concepts que j'utilise (l'échelle des niveaux de conscience et l'échelle émotionnelle de Hawkins) ne se chevauchent pas parfaitement et ont leurs propres nuances et spécificités.

L'échelle émotionnelle de Hawkins se concentre spécifiquement sur les émotions : elle évalue les émotions humaines en termes d'énergie vibratoire, allant des émotions négatives et limitantes (comme la honte, la culpabilité, la colère) aux émotions positives et épanouissantes (comme la joie, la paix, l'amour). Cette échelle mesure le niveau de conscience émotionnelle d'une personne et comment il influence sa perception de la réalité.

Les niveaux de conscience décrits précédemment (voir p. 36) abordent quant à eux un éventail plus large de développement personnel et spirituel.

En reliant les deux concepts, on peut noter que l'échelle des niveaux de conscience décrit une progression spirituelle qui peut également être liée à l'évolution émotionnelle. Par exemple, le premier niveau de conscience, où les individus sont principalement centrés sur les besoins matériels et les plaisirs sensoriels, peut correspondre aux émotions négatives et limitantes de l'échelle émotionnelle, comme la peur ou le désespoir.

De même, les niveaux de conscience plus élevés, où l'individu développe une compréhension plus profonde de soi et d'autrui ainsi qu'une connexion spirituelle plus élevée, pourraient correspondre aux émotions positives et épanouissantes de l'échelle émotionnelle, comme la gratitude, la joie et l'amour.

Les deux échelles offrent ainsi des perspectives intéressantes sur la manière dont les individus évoluent émotionnellement et spirituellement tout au long de leur vie.

À la fin de chaque niveau de conscience, je vous livre les émotions correspondantes sur l'échelle émotionnelle.

Selon le degré de développement personnel et spirituel, il semble exister une progression en sept étapes vers l'accomplissement spirituel : les sept niveaux de conscience.

Ils se concentrent sur la croissance personnelle et spirituelle, décrivant comment les individus évoluent à travers différents stades de développement. L'échelle passe de niveaux primitifs centrés sur les besoins matériels et instinctifs à des niveaux plus élevés de connexion spirituelle, avec une expérience de l'amour, pour aboutir finalement à une conscience cosmique profonde.

Plusieurs recherches suggèrent que la plupart des individus se situent généralement aux niveaux 2 et 3. Voici une description de ces étapes :

1ER NIVEAU : LA CONSCIENCE INSTINCTIVE

C'est le niveau de la conscience instinctive, comparable à celle des animaux. À ce niveau, les individus sont guidés par leurs besoins sexuels et ne connaissent pas l'amour. Ils sont totalement inconscients. C'est un niveau principalement matérialiste, au sein duquel le spirituel est quasi inexistant. Les personnes à ce niveau se complaisent dans les biens matériels, l'accumulation des possessions et la satisfaction des plaisirs sensoriels. De plus, elles croient que la mort est une fin en soi, sans existence après celle-ci. L'idée d'un dieu ou d'une force supérieure ne fait même pas partie de la réflexion.

Les émotions ressenties à ce niveau : la honte, la culpabilité, l'apathie, la tristesse et la peur.

2E NIVEAU : LA CONSCIENCE COLLECTIVE

À ce stade, l'individu développe ses relations humaines. Il est plus sélectif dans le choix de ses partenaires bien que plusieurs puissent lui convenir. Il n'a pas encore découvert l'amour véritable, mais en imite les manifestations. La possessivité est forte et le partenaire est considéré comme une possession. L'ego domine à ce niveau. Souvent habité par la majorité de l'humanité, ce niveau est celui de l'émotionnel. Il ressemble au premier niveau, où les possessions matérielles sont prédominantes, demeurant une base importante dans la vie. Les satisfactions sensorielles occupent également une place centrale et ces individus croient souvent que la valeur des gens est liée à leurs biens. La plupart des personnes à ce niveau croient en l'existence d'une force supérieure, mais elles ont tendance à façonner cette croyance pour qu'elle serve leurs intérêts. Leur spiritualité est rudimentaire, reflétant leur conception limitée du Divin.

Les émotions ressenties à ce niveau : le désir, la colère et l'orgueil.

3E NIVEAU : LA CONSCIENCE DE SOI

C'est le niveau de la pensée rationnelle. L'individu prend conscience de soi et commence à se distinguer des autres. C'est le plan du pouvoir personnel, de l'énergie, des idéologies (religieuses, politiques, économiques) et le domaine des leaders. Il opère dans la dualité mentale (amour-haine, dominant-dominé, etc.). Les relations ne sont pas encore basées sur un amour authentique, mais en sont proches. C'est le niveau de la prise de conscience et de la réflexion. À ce niveau, les individus élargissent leurs connaissances en ésotérisme et en spiritualité. Ils prennent conscience d'une dimension supplémentaire. Bien qu'ils attachent encore de l'importance au matériel, ils ont des convictions sincères. La plupart d'entre nous nous trouvons à ce niveau de conscience, entretenant une dualité entre des préoccupations matérielles et une croyance en quelque chose de plus profond. Mais à ce niveau, on adhère souvent à des croyances imposées par d'autres sur ce qu'il faut croire.

Les émotions ressenties à ce niveau : le courage, la volonté, l'acceptation, la raison.

4E NIVEAU : NATURE CAUSALE[6]

C'est le niveau où l'on peut se connecter à son âme. À ce stade, l'individu accède à la dimension de l'amour spirituel. Il peut expérimenter l'amour avec une âme sœur. Le partenaire devient une extension de soi, sans effort ni compromis. C'est le royaume des créateurs, des artistes, de ceux qui expriment la beauté sous toutes ses formes. À ce niveau, le désir est de donner et d'ÊTRE. C'est aussi le début d'une spiritualité plus profonde. Les personnes atteignant ce niveau ne sont plus obsédées par l'accumulation de biens matériels ; elles n'ont plus besoin de preuves pour justifier leur importance ou leur existence. Tout en savourant les plaisirs sensoriels, elles évitent d'être dominées par leurs émotions ou leurs passions. Elles comprennent l'interconnexion entre le physique, l'intellect, les émotions et la spiritualité, et assument la responsabilité de leurs pensées, sentiments et actions.

Les émotions ressenties à ce niveau : l'amour et la joie.

6 | La nature causale de quelque chose se réfère à la relation de cause à effet entre les événements ou les phénomènes. Cela signifie qu'il y a une raison ou une cause spécifique qui produit un certain effet observable. Par exemple, si une plante pousse rapidement, la nature causale de cette croissance pourrait être liée à des facteurs tels que l'apport en eau, la lumière du soleil et les nutriments du sol. Comprendre la nature causale d'un événement ou d'un phénomène implique d'identifier les facteurs qui contribuent à son occurrence ou à son développement.

5e NIVEAU : LA CONSCIENCE SUPÉRIEURE

L'amour s'exprime pleinement et se manifeste. C'est le royaume de la pensée symbolique. À ce niveau, la sexualité peut être transcendée. C'est là que se trouvent des esprits créatifs tels que Beethoven, Léonard de Vinci, Pythagore, etc. L'âme sœur devient le partenaire exclusif, le miroir de soi. Les guides spirituels[7] et les maîtres[8] opèrent à ce niveau. Les capacités psychiques se développent naturellement et les pouvoirs de guérison s'amplifient. L'illumination permet d'accéder à ce niveau, où l'amour est enseigné et l'humanité guidée. À ce stade, les individus sont extrêmement sensibles et perçoivent l'univers dans son ensemble. Ils apprécient le matériel sans être obsédés par l'accumulation de biens. Leur intuition joue un rôle prépondérant et ils utilisent leurs dons psychiques pour aider les autres. Les préjugés sont dépassés.

Les émotions ressenties à ce niveau : l'amour et la joie, mais de façon encore plus consciente que dans le palier précédent.

6e NIVEAU : L'INTUITION DE L'ÂME

À ce niveau, l'ego disparaît, laissant place à une âme rayonnante d'amour et de lumière. L'harmonie universelle s'exprime à travers l'individu. Il a atteint l'union divine et fusionné avec son essence spirituelle. Il est l'ermite béat, en parfaite communion avec le Divin. La personnalité s'est dissoute dans l'ensemble. La pensée est universelle, dépassant les contraintes humaines. Les communications avec les plans supérieurs sont naturelles et fréquentes. La compréhension de l'incarnation et des leçons à apprendre est profonde. La responsabilité des pensées, des émotions et des actes est intégrée.

Les émotions ressenties à ce niveau : l'amour profond de toute chose, la paix et un éveil spirituel profond qui touche de près l'illumination.

7 | Un guide spirituel est une entité ou une force qui est perçue comme offrant une guidance, un soutien ou une inspiration dans le cheminement spirituel d'une personne. Il peut s'agir d'une figure imaginaire, d'une entité spirituelle ou d'une présence ressentie qui offre des conseils, de la protection et de la sagesse dans la vie quotidienne et dans la recherche de la croissance personnelle et spirituelle.

8 | Un maître spirituel est une personne avec une existence sur le plan physique, souvent considérée comme ayant atteint un niveau élevé de sagesse et d'illumination spirituelle. Les disciples ou les adeptes cherchent à apprendre de son exemple, de ses enseignements et de sa guidance pour leur propre cheminement spirituel. Un guide spirituel, en revanche, est généralement une entité non physique ou une force perçue comme offrant une guidance ou un soutien dans le cheminement spirituel, mais qui n'est pas nécessairement une personne concrète.

7E NIVEAU : LA CONSCIENCE COSMIQUE

L'être s'embrase, l'énergie divine le transforme en être de lumière. C'est le pinacle de l'évolution humaine. La préoccupation spirituelle prime, toute autre considération s'estompe. L'individu transcende la dualité entre la matière et Divin. Les lois spirituelles sont intégrées à sa nature. Il est ce que l'on appelle communément un maître ou un initié, ayant harmonisé corps, esprit et âme. Cet état est rare et exigeant.

Les émotions ressenties à ce niveau : toujours l'amour de toute chose, la paix profonde et l'éveil spirituel complet que l'on nomme l'état d'illumination.

EXPLORER VOTRE NIVEAU DE CONSCIENCE

Lorsque vous avez lu les descriptions des niveaux de conscience, il est possible que vous vous soyez identifié à un niveau spécifique ou entre deux niveaux. Savoir où l'on se situe est important et ouvre le champ des possibles.

Il est possible de se reconnaître en deux niveaux de l'échelle assez proche. Cela n'est pas anormal. Il s'agit dans les plus bas niveaux de l'irradiation de vos blessures et traumatismes les plus profonds. Ou du fait d'être encore partiellement dans un niveau, mais en chemin vers le nouveau.

L'état d'illumination

L'état d'illumination peut s'apparenter à l'arrivée au sommet d'une montagne de compréhension et de conscience. La personne a une très grande clarté et une profonde sagesse concernant la vie et le monde qui l'entoure. Imaginez que vous avez résolu un gros casse-tête et que, soudain, tout devient clair et évident. Ici, le casse-tête se caractérise par des questions profondes sur la vie, le sens de toute chose et l'interconnexion entre chaque élément du Tout. Les gens qui atteignent cet état ont une paix intérieure profonde et se sentent en harmonie avec tout ce qui les entoure. C'est un peu comme si on avait allumé une lumière très brillante à l'intérieur d'eux-mêmes et qu'ils pouvaient voir et comprendre les choses d'une manière vraiment spéciale.

Lorsqu'on parle de se situer sur un niveau, il s'agit de mesurer l'énergie que l'on ressent comme étant prédominante dans sa perception de soi et de la vie et pas uniquement à un moment, sur une journée.

Si vous êtes dans le premier niveau et encore dans les ténèbres, ne voyez pas votre situation comme négative, au contraire : cela signifie que vous avez beaucoup de choses à découvrir sur vous-même et que ce sera une belle aventure de remonter les niveaux.

Notre inconscient, notre ombre viennent régulièrement nous parler pour nous aider : une maladie qui revient sans cesse (le mal a dit), des situations qui se présentent sans cesse à vous (elles se présenteront à vous tant que vous n'avez pas découvert pourquoi).

Maintenant que vous avez découvert tous les niveaux de conscience et les ressentis de ces différentes phases, il est possible d'établir un plan d'action et de vérification qui vous permettra de gravir l'échelle au fur et à mesure de votre vie.

Dans un carnet dédié à votre chemin vers l'abondance, notez le niveau de conscience dans lequel vous pensez vous situer et lisez l'explication du palier supérieur. Ensuite, posez-vous quelques questions et répondez-y à l'écrit. Par exemple :

- Quelle est la sensation que je ressens à la lecture de ces lignes en relation avec ce niveau de conscience ?

- Lorsque je me pose et réfléchis, quelles sont les situations que je revis régulièrement et qui sont douloureuses ?

- Dans ces moments, quelles sont les émotions et les sensations que je ressens ? De quelle intensité sont-elles ? Qu'est-ce que cela déclenche chez moi ?

- S'agit-il de situations spécifiques ? Sont-elles liées à une sphère de ma vie en particulier (amour, enfants, famille, travail, santé…) et comment se déclenchent-elles (circonstances, personnes, moments précis ou non) ?

Faire cet exercice va vous permettre de vous explorer de façon plus profonde et peut-être de commencer à voir s'esquisser sous vos yeux des pistes de réflexion. Il est possible que cet exercice de journaling soit intense, difficile et qu'il génère en vous des ressentis désagréables et même douloureux. Mais toute libération énergétique commence par cette phase. D'ailleurs, comme le dit Rune Lazuli : « *Je fleuris de la blessure par laquelle j'ai un jour saigné.* » Je peux vous assurer que lire vos blessures et les voir régulièrement sur un support vous fera prendre du recul lorsque tout sera douloureux. Vous verrez alors votre douleur comme une merveilleuse messagère d'amour et de bonheur.

Mise en garde

Il est important de savoir que certaines personnes seront en mesure de passer rapidement une série de niveaux pour ensuite stagner durant des années. D'autres, au contraire, vont remonter l'échelle très lentement, mais de façon continue ! L'objectif ici est d'utiliser cette échelle pour votre propre cheminement, comme une *roadmap* des possibles. Mais attention de ne pas tomber dans le piège de la comparaison avec d'autres ou d'analyser vos proches et de leur dire qu'ils sont à tel ou tel stade et ce qu'ils doivent faire pour monter leur propre échelle.

S'ils sont curieux, vous pouvez leur prêter ce livre ou en discuter de façon bienveillante, mais créer une prise de conscience chez autrui sur une base de l'ego qui veut dominer par le savoir sur l'autre ne fera que vous faire reculer d'un ou de plusieurs étages.

CHAPITRE 2

Se libérer des bloqueurs de l'abondance

Dans les méandres de nos vies, nous sommes souvent enchaînés par des fils invisibles : les croyances qui nous limitent, les peurs qui nous retiennent et les injonctions qui nous guident. Dans ce chapitre, nous allons explorer comment analyser, comprendre et déconstruire afin de construire un nouveau schéma de pensée.
Au fil de notre voyage à la découverte de nous-mêmes, nous avons abordé la notion des paliers énergétiques, des niveaux de conscience et de l'état émotionnel.

À présent, je vous invite à réfléchir à la manière dont votre situation actuelle s'inscrit dans ce tableau. Quelle que soit votre position aujourd'hui, sachez qu'il existe toujours deux options qui s'offrent à vous : ascension ou descente.

La descente, bien que souvent négligée, est une réalité fréquente. Elle peut se manifester dès les premières étapes de notre parcours vers l'éveil spirituel. C'est à ce moment-là que l'ego, se sentant menacé, peut engendrer des comportements qui nous font glisser vers le bas de l'échelle émotionnelle.

Au cours de ce chapitre, nous explorerons plus en profondeur les obstacles qui entravent notre ascension, notamment :

- la phase sombre de l'ego, c'est-à-dire lorsque celui-ci s'égare dans l'obscurité de ses peurs et de ses illusions ;
- les peurs profondément enracinées qui nous empêchent de nous élever ;
- les croyances limitantes qui nous maintiennent prisonniers de schémas dépassés ;
- les injonctions extérieures qui nous poussent dans une direction qui n'est pas la nôtre ;
- l'influence de notre entourage, de la société, et les projections qu'ils exercent sur nous ;
- l'autosabotage, cette tendance à nous saborder inconsciemment ;
- les schémas complexes qui se tissent autour de tous ces éléments, créant un réseau subtil, mais puissant.

Préparez-vous à plonger au cœur de défis et à découvrir comment les surmonter pour atteindre un état d'abondance véritable, à la fois sur le plan personnel et spirituel.

L'ordre des bloqueurs n'a pas été laissé au hasard. Il vous permettra de cheminer pour remonter l'échelle des niveaux de conscience. Il est important de procéder dans l'ordre proposé si vous ne vous faites pas accompagner par un(e) professionnel(le).

L'ego en phase dominante

L'EGO, QU'EST-CE QUE C'EST ?

Je pense qu'il est important de poser des bases au sujet de l'ego. Il est probable que vous ne sachiez pas ce que c'est de façon précise, s'il est votre allié ou votre ennemi. Et c'est normal, car il existe plusieurs référentiels pour cette notion et ils sont assez flous, s'entremêlant tous entre eux. Dans la philosophie bouddhiste, l'ego est considéré comme une construction mentale qui n'a d'existence que dans la perception du temps, plaçant ainsi la personne au centre de tout ce qui existe dans sa propre perspective temporelle. C'est donc une illusion. Pour le bouddhiste, l'ego n'est ni un allié ni un ennemi, mais il lui semble important de s'en détacher pour vivre une vie épanouie et au service de quelque chose de plus grand que lui. Autrement dit, une vie loin du « je » qui serait au centre de toutes les attentions.

L'islam considère quant à lui l'ego comme essentiel à la vie, car il est le seul à déjouer les pièges des démons qui envoient aux croyants des désirs auxquels succomber.

Le christianisme place l'ego dans le camp de l'allié, car il représente le « je suis » et la notion du « je suis » se place elle-même dans la croyance que « je viens de Dieu ».

Lorsqu'on sort des notions de l'ego véhiculées par ces religions, on prend conscience qu'il reste une construction mentale, mais légèrement différente.

La psychologie considère l'ego comme le fondement de la personnalité d'une personne. C'est ce qu'une personne perçoit de la notion du « moi », le « je » qu'elle prononce tous les jours. Il est un arbitre qui est chargé d'équilibrer notre vision du monde, nos actions au quotidien.

Certains courants philosophiques définissent quant à eux l'ego comme un objet de la conscience (Descartes) ou comme une entrave à l'éveil de son soi supérieur (courant New Age, spiritualité moderne).

Il existe par ailleurs des centaines de croyances autour de l'ego :

* « *Il faut se méfier de son ego, car...* » ;
* « *Il faut avoir un ego fort pour avancer dans la vie, sinon tout le monde nous marche dessus* » ;

- *« Il faut faire taire son ego pour atteindre son "moi supérieur" »...*

Quoi qu'il en soit, une chose saute aux yeux : l'ego serait donc quelque chose existant dans notre esprit et construit à partir d'un système de croyances. Il peut être notre allié lorsque nous avons conscience de son existence et de son rayonnement, mais peut devenir notre ennemi lorsqu'il devient dominant. Et il serait constitué d'une multitude de croyances, positives, négatives, liées à l'expansion ou à la limitation.

QUELQUES EXEMPLES

L'ego en phase dominante (que nous avons vu au deuxième niveau de conscience) peut se manifester comme suit au travers de votre personnalité et de comportements et actions :

- vous vous jugez supérieur à autrui pour diverses raisons ;

- vous êtes dans le jugement négatif quasi permanent de tout ce qui vous entoure, avec le sentiment d'être « un juge » ;

- vous n'êtes pas capable d'écouter activement une personne, c'est-à-dire que vous ressentez toujours le besoin de rebondir sur ce qui est dit pour vous mettre en valeur ;

- vous tentez de vous valoriser à tout prix en exposant sans cesse ce que vous faites et comment vous le faites ;

- vous êtes à la recherche constante de reconnaissance et de compliments ;

- vous tentez de diriger la vie d'autrui à coups de solutions et de conseils non demandés ;

- vous mentez pour embellir l'image qu'autrui pourrait avoir de vous ou pour vous protéger de quelque chose ;

- vous utilisez un vocabulaire excessif pour vous mettre en valeur ;

- vous jouez sans cesse le rôle de la victime pour que l'on vous accorde de l'attention.

Lorsque l'ego est en phase dominante, il ne vous laisse pas l'espace pour gravir l'échelle vibratoire et énergétique. Il crée un sentiment de besoin et de manque qu'il vous faut absolument combler, sous peine de cesser d'exister aux yeux d'autres personnes.

Et bien souvent, sachez que vous n'en avez pas conscience et n'êtes pas coupable. Il existe une kyrielle de possibilités pour apaiser et rééquilibrer un ego qui hurle ou qui est blessé. Vous les découvrez dans le chapitre suivant.

Les peurs

Les peurs limitent la perception : lorsque nous sommes dominés par la peur, notre attention se focalise sur les risques, les dangers et les scénarios négatifs.

La peur limite notre capacité à percevoir les opportunités et les possibilités d'abondance qui nous entourent. Nous nous concentrons sur ce qui pourrait mal tourner plutôt que de nous ouvrir aux nouvelles expériences et aux manifestations positives.

Rassurez-vous si vous vous retrouvez dans beaucoup des peurs ci-dessous : plusieurs peurs peuvent avoir une seule source commune. Ce qui est très intéressant car cela peut se libérer plus rapidement si vous êtes conscient de cette source. Mais c'est également OK de cheminer de peur en peur. La découverte de la source commune peut arriver en fin de parcours comme une évidence, après analyse. Et le cheminement pas à pas n'est pas moins qualitatif. Certaines personnes font plus vite les ponts que d'autres. Ne vous épuisez pas dans des analyses sans fin, à la recherche de la cause commune si celle-ci ne saute pas rapidement aux yeux. Je vous propose de découvrir quelques exemples de peurs courantes qui peuvent vous bloquer sur des paliers énergétiques et vous empêcher d'avancer vers votre propre perception de l'abondance.

LA PEUR DE MANQUER

La peur de manquer, également connue sous le nom de peur de la pénurie ou de la rareté, est une peur profondément enracinée qui peut bloquer l'abondance dans nos vies. Cette peur est souvent associée à la sécurité financière, à la stabilité matérielle et à la satisfaction de nos besoins fondamentaux (qui sont la nourriture, l'eau, le sommeil et la chaleur).

Il est important de souligner et de comprendre que la peur de manquer n'est pas seulement une réaction face à une situation réelle de manque, mais aussi une perception et une attitude face à l'abondance.

Cette peur peut être influencée par des croyances limitantes, des expériences et des schémas de pensée négatifs qui renforcent l'idée que les ressources sont limitées et que nous ne pouvons pas en obtenir suffisamment.

La peur de manquer crée un état d'esprit de manque, où notre attention est constamment tournée vers ce qui nous manque plutôt que sur ce que nous avons déjà. Cela crée une énergie de contraction et de restriction qui limite notre capacité à attirer et à recevoir l'abondance dans notre vie.

Sur le plan psychologique, la peur de manquer peut avoir une connexion avec des expériences de privation ou de manque dans notre enfance : nos besoins n'ont peut-être pas été pleinement satisfaits. Ces expériences peuvent créer des schémas de pensée qui nous poussent à agir de manière défensive et à nous accrocher à ce que nous avons déjà par peur de perdre davantage.

La peur de manquer peut également être alimentée par des croyances limitantes telles que « *l'argent est difficile à gagner* », « *je ne mérite pas d'être prospère* » ou « *il n'y en a pas assez pour tout le monde* ». Ces croyances restreignent notre vision et créent des blocages émotionnels qui entravent la circulation de l'abondance dans nos vies.

LA PEUR DE L'ÉCHEC

La peur de l'échec peut nous empêcher de prendre des risques, d'explorer de nouvelles opportunités et d'aller au-delà de notre zone de confort, ce qui limite notre potentiel d'abondance.

La peur de l'échec est souvent liée à notre perception et à notre estime de nous-mêmes. Elle découle de croyances limitantes profondément ancrées qui nous font croire que l'échec est une indication de notre valeur personnelle ou de notre compétence. Nous pouvons craindre d'être jugés, rejetés ou critiqués si nous échouons, ce qui crée une résistance à prendre des risques ou à sortir de notre zone de confort.

La peur de l'échec peut également être exacerbée par des attentes sociales ou des normes culturelles qui mettent l'accent sur la réussite externe, la validation extérieure et la comparaison avec les autres. Nous pouvons craindre de ne pas être à la hauteur des attentes d'autrui ou de ne pas correspondre aux idéaux préétablis de réussite.

Cette peur peut paralyser nos actions, nous empêcher de nous engager pleinement dans nos aspirations et nous maintenir dans des schémas de sécurité et de stagnation. Elle crée une résistance à prendre des risques, à explorer de nouvelles opportunités et à poursuivre nos rêves, limitant ainsi notre potentiel d'abondance.

LA PEUR DU JUGEMENT

La peur du regard et du jugement d'autrui peut nous empêcher de suivre nos aspirations et nos rêves, nous laissant coincés dans des schémas de vie qui ne nous apportent pas l'abondance que nous souhaitons.

La peur du jugement est une émotion profondément enracinée qui peut avoir un impact significatif sur notre bien-être et notre liberté d'expression. Cette peur se manifeste lorsque nous craignons d'être critiqués, rejetés ou mal jugés par les autres pour nos actions, nos choix ou nos opinions.

Du point de vue spirituel, la peur du jugement peut être perçue comme une invitation à développer notre propre estime et à renforcer notre connexion avec notre essence authentique. Elle est souvent liée à notre besoin de validation et d'acceptation sociale ainsi qu'à notre désir d'appartenir à un groupe ou à une communauté.

À cet égard, il est important de reconnaître que le jugement des autres est souvent le reflet de leurs propres peurs, croyances et insécurités. L'opinion d'autrui ne définit pas notre valeur intrinsèque ni ne détermine notre chemin spirituel. En prenant conscience de cela, nous pouvons commencer à nous libérer de la peur du jugement et à embrasser pleinement notre authenticité.

La peur du jugement peut également être alimentée par des croyances limitantes que nous avons intériorisées telles que « *je ne suis pas assez bon* », « *je ne suis pas digne d'amour* » ou « *je dois me conformer aux attentes d'autrui* ». Ces croyances restreignent notre expression et nous maintiennent dans un état de conformité et de répression de notre véritable essence.

LA PEUR DU SUCCÈS

La peur du succès peut sembler contradictoire, mais elle est réelle pour de nombreuses personnes. La peur de l'attention, des responsabilités accrues ou des changements de vie drastiques peut saboter notre capacité à attirer et à recevoir l'abondance.

La peur du succès peut être perçue comme une résistance à notre propre expansion et à notre plein potentiel. Cette peur découle souvent de croyances limitantes et de schémas de pensée qui nous maintiennent dans notre zone de confort et nous empêchent d'embrasser pleinement notre abondance et notre pouvoir intérieur.

Sur le plan spirituel, la peur du succès peut être liée à des questions d'estime de soi, d'identité et de responsabilité. Elle peut résulter d'une perception erronée de notre valeur intrinsèque et d'une peur de l'attention, des attentes accrues ou des changements de vie significatifs associés à la réussite.

La peur du succès peut également découler de croyances profondes relatives au fait d'être digne de réussite ou au fait que la réussite est incompatible avec une vie spirituelle équilibrée. Ces croyances peuvent être liées à des systèmes de croyances religieuses, culturelles ou familiales qui mettent l'accent sur l'humilité, la modestie ou la renonciation aux désirs matériels.

Cependant, d'un point de vue spirituel plus élevé, il est important de reconnaître que l'abondance et la réussite ne sont pas contraires à une vie spirituelle épanouissante. Elles peuvent en effet être des expressions de notre pouvoir créateur et de notre capacité à manifester notre mission et nos dons dans le monde.

La peur du succès peut également être liée à des peurs inconscientes de se démarquer, d'être jugé, de perdre des connexions ou de subir des changements dans nos relations. Elle peut créer une résistance subtile à recevoir pleinement les bénédictions de l'univers et à vivre une vie alignée avec notre plus haut potentiel.

LA PEUR DU CHANGEMENT

Le changement peut être effrayant, car il implique souvent de sortir de notre zone de confort et de faire face à l'inconnu. La peur du changement bloque l'abondance principalement parce qu'elle crée une résistance à la croissance et à l'expansion personnelle. L'abondance, qu'elle soit matérielle, émotionnelle ou spirituelle, est souvent le résultat d'une ouverture à de nouvelles possibilités, d'une flexibilité mentale et d'une volonté d'embrasser les opportunités qui se présentent.

Lorsque nous sommes pris dans l'engrenage de la peur du changement, nous nous accrochons à des schémas de pensée et des comportements familiers même s'ils ne nous servent pas ou ne nous permettent pas de nous épanouir pleinement. Nous nous enfermons dans notre zone de confort, refusant d'explorer de nouvelles voies, de prendre des risques et de nous engager dans des actions qui pourraient nous conduire à l'abondance.

De plus, la peur du changement est souvent liée à des croyances limitantes sur notre valeur, notre capacité à réussir ou notre droit à l'abondance. Ces croyances négatives créent des blocages énergétiques et nous empêchent d'attirer et de recevoir l'abondance dans notre vie.

La peur du changement crée également une résistance intérieure qui peut nous maintenir dans des schémas de lutte, de stagnation et d'autosabotage (voir p. 64 et suivantes). Nous pouvons nous trouver coincés dans des situations ou des relations qui ne nous conviennent pas, mais nous avons peur de faire les changements nécessaires pour nous libérer et créer l'abondance que nous désirons.

Enfin, la peur du changement nous empêche souvent d'explorer notre plein potentiel et de développer de nouvelles compétences, talents ou passions qui pourraient contribuer à notre abondance. Elle nous maintient dans un état d'inertie et de stagnation, limitant ainsi notre capacité à attirer et à manifester l'abondance dans tous les domaines de notre vie.

LA PEUR DE LA RÉUSSITE D'AUTRUI

La comparaison et la peur de se sentir inférieur par rapport aux autres peuvent nous empêcher de reconnaître notre propre valeur et de réaliser pleinement notre potentiel d'abondance.

La peur de la réussite d'autrui bloque l'abondance principalement en créant un état d'esprit de limitation et de manque. Lorsque nous sommes envieux ou jaloux des réussites d'autrui, nous nous concentrons sur ce que nous pensons ne pas avoir ou ne pas être capables d'accomplir. Cela crée un état de tension et de résistance qui entrave notre propre capacité à attirer l'abondance dans nos vies.

Sur le plan énergétique, la peur de la réussite d'autrui envoie des vibrations négatives d'envie, de frustration et de comparaison. Ces vibrations négatives ont tendance à attirer davantage de situations et de circonstances qui renforcent notre sentiment de manque et de limitation.

La peur de la réussite d'autrui peut également affecter notre estime de soi et notre confiance en nos propres capacités. En nous comparant constamment aux autres et en nous sentant inférieurs, nous nous dévalorisons et nous nous empêchons de prendre des risques et d'explorer notre propre potentiel.

De plus, cette peur crée souvent un état d'esprit de compétition et de séparation plutôt que de collaboration et de soutien mutuel. Lorsque nous nous concentrons sur la réussite d'autrui de manière négative, nous perdons de vue notre propre chemin et notre propre croissance, ce qui peut entraver notre capacité à créer notre propre abondance.

LA PEUR DE L'INSÉCURITÉ

La peur de l'insécurité financière ou émotionnelle peut créer une résistance à l'abondance, car nous cherchons à nous protéger en nous accrochant à ce que nous avons plutôt qu'en ouvrant la voie à de nouvelles possibilités.

LA PEUR DE L'INCONNU

L'inconnu peut être effrayant, car nous ne pouvons pas prévoir ou contrôler tous les résultats. La peur de l'inconnu peut nous empêcher de prendre des risques et de saisir les opportunités qui pourraient apporter l'abondance.

Il est important de reconnaître que ces peurs peuvent être profondément enracinées et qu'elles peuvent nécessiter un travail intérieur pour les surmonter. En développant une conscience de ces peurs et en nous engageant dans des pratiques de croissance personnelle, nous pouvons progressivement libérer ces blocages et permettre à l'abondance de se manifester pleinement dans notre vie.

LISTER SES PEURS

Maintenant, je vous invite à vous pencher sur l'identification de vos propres peurs.

L'exercice que je vous propose ici est de prendre le temps de lister les peurs qui vous viennent à l'esprit en laissant une page complète libre (ou deux si vous utilisez un petit carnet) entre chaque peur. Commencez par écrire « *j'ai peur de...* » puis dressez une liste tout ce qui vous vient à l'esprit, même si cela vous semble être ridicule.

Lorsque cette liste est terminée, laissez de côté vos pages et revenez-y le lendemain. Écrivez alors à la suite de chaque peur le pourquoi de celle-ci, sans vous dire que c'est bête, ridicule : « *J'ai peur de... parce que...* »

Lorsque vous avez terminé cette liste, reprenez chaque peur en la lisant à voix haute et réfléchissez à chaque fois que vous l'avez ressentie. Vérifiez si vous voyez apparaître un déclencheur. Le but est de repérer le signal qui donne naissance à cette peur bien spécifique.

Lorsque vous avez terminé cet exercice, vous avez plusieurs possibilités. Vous pouvez voir comment apaiser le signal de la peur si elle est disproportionnée à la norme.

Par exemple : « *J'ai peur d'aller seule au cinéma parce que j'ai l'impression que quelque chose de grave m'arrivera si je le fais. Je prends conscience que je crains toujours d'être seule parce qu'enfant, ma maman me disait que le monde est dangereux pour une femme seule. Ça s'est ancré en moi comme quelque chose à surtout ne pas vivre, sous peine que quelque chose de grave arrive si je fais quelque chose seule.* »

Vous pouvez aussi vous dire : « *Cette peur a une racine extrêmement profonde, je vais faire appel à un professionnel pour m'épauler.* »

Les croyances

QU'EST-CE QU'UNE CROYANCE ?

Une croyance est une pensée que vous pensez être la vérité absolue. Elle peut être positive, négative, neutre ou limitante.

Chaque personne vit au travers d'un système de croyances plus ou moins conscientes.

Une croyance positive peut se manifester à vous de la façon suivante : « *Tout ce qui doit se passer se passera. Et je suis convaincue que même si c'est douloureux ou négatif, j'en tirerai du positif par l'apprentissage et l'expérience.* » Dans cet exemple, elle se base notamment sur la notion de résilience et permet à la personne de se recentrer le moment venu et de ne pas rester coincée dans une spirale descendante.

Une croyance limitante peut se manifester de la façon suivante : « *Je ne serai jamais capable de réaliser mon rêve, car je n'ai personne pour me soutenir et pas d'argent.* » Ici, la croyance limitante s'appuie sur la déresponsabilisation de la personne face à son rêve. Il s'agit typiquement des excuses que l'on se trouve pour ne pas commencer ou passer à l'action.

Le système de croyances avec lequel une personne vit peut l'empêcher de monter l'échelle énergétique, la laissant coincée à tout jamais dans sa situation actuelle. Ce phénomène se produit souvent lorsque la personne n'est pas consciente qu'elle obéit à ce système.

Il est cependant possible de faire venir les croyances au plan de la conscience puis de vérifier si elles sont limitantes ou non. Il va s'agir ensuite de déconstruire les croyances limitantes pour en créer de nouvelles qui permettent à la personne d'avancer sur le plan énergétique.

TRANSCENDER SES CROYANCES

Une fois que vous avez travaillé sur votre liste des peurs, vous pouvez commencer à travailler les croyances.

Le but est d'identifier vos croyances limitantes, ou toxiques, afin de pouvoir par la suite prendre les actions nécessaires pour les écouter, les comprendre et ensuite les remplacer par une nouvelle croyance qui aura pour objectif de passer vers un palier de conscience supérieur.

Prenez à nouveau votre carnet et identifiez vos croyances: comme pour les peurs, listez une croyance par page, laissez une page vide pour la suite et revenez-y le lendemain.

Ajoutez alors « parce que » à chaque croyance listée, analysez et écrivez son origine.

Puis écrivez: « *Je me libère de cette croyance et je décide de façon consciente de la remplacer par [écrivez une croyance nouvelle positive et merveilleuse].* »

Écrivez par ailleurs la croyance limitante sur un papier, dites-lui que vous la libérez avec amour et brûlez le papier. Voyez la fumée comme libératrice.

Le but est de travailler croyance par croyance et pendant 28 jours pour chacune (le temps nécessaire à la psyché de construire une nouvelle habitude).

Répétez chaque matin à voix haute votre nouvelle croyance et écrivez-la si vous êtes une personne plus visuelle qu'auditive.

Vous constaterez que travailler sur certaines croyances en lèvera d'autres de façon inconsciente. C'est pour cette raison qu'il est recommandé de les travailler de façon individuelle. Certes, vous pouvez penser que les cycles de 28 jours sont longs, mais il vaut mieux une réelle libération stable et une bonne intégration qu'une régression de palier parce que l'envie d'aller vite a pris le dessus.

Voici quelques exemples de croyances limitantes qui bloquent l'abondance et le passage des niveaux de conscience:

* « *Je dois me sacrifier pour les autres* »: cette croyance crée une mentalité de manque et empêche de recevoir pleinement l'abondance dans sa vie.

* « *Les riches deviennent plus riches et les pauvres deviennent plus pauvres* »: cette croyance crée une perception de manque d'opportunités et d'inégalité, limitant ainsi la possibilité de prospérer financièrement.

* « *Je suis incapable de changer ou de me transformer* »: cette croyance limite la possibilité de croissance personnelle et bloque l'ouverture vers de nouveaux niveaux de conscience.

* « *Je ne mérite pas d'accéder à des connaissances spirituelles profondes* »: cette croyance sous-tend qu'on sous-estime sa propre valeur et sa capacité à comprendre et à intégrer des vérités spirituelles.

* « *Les expériences spirituelles sont réservées à quelques privilégiés* »: cette croyance crée une perception de séparation et empêche de reconnaître que l'élévation des niveaux de conscience est accessible à tous.

* « *La réalité est fixe et immuable* »: cette croyance limite la perception de la réalité et bloque l'ouverture à de nouvelles perspectives et à des niveaux de conscience plus élevés.

✱ « *La spiritualité est une échappatoire du monde réel* » : cette croyance crée une division entre la spiritualité et la réalité quotidienne, limitant ainsi la possibilité d'intégrer des principes spirituels dans tous les aspects de sa vie.

✱ « *Je suis trop occupé pour me consacrer à ma croissance spirituelle* » : cette croyance crée une mentalité de priorités erronées et bloque la disponibilité pour se connecter à des niveaux de conscience supérieurs.

✱ « *Les enseignements spirituels sont dogmatiques et restrictifs* » : cette croyance limite la possibilité d'explorer différentes voies spirituelles et empêche d'embrasser une vision élargie de la réalité.

✱ « *L'élévation des niveaux de conscience est un processus long et difficile* » : cette croyance crée une mentalité de découragement et de résistance, empêchant ainsi l'ouverture et l'expansion de la conscience.

✱ « *Je ne suis pas digne de connaissances spirituelles profondes* » : cette croyance signifie qu'on sous-estime sa propre valeur et qu'on bloque la possibilité d'accéder à des niveaux de conscience supérieurs.

✱ « *Je suis défini par mes expériences passées et mes conditionnements* » : cette croyance limite la possibilité de transcender les schémas de pensée et les conditionnements limitants, empêchant ainsi l'élévation des niveaux de conscience.

Il est essentiel de prendre conscience de vos croyances limitantes et de les remettre en question. En cultivant des croyances positives[9], en pratiquant la méditation, la visualisation et d'autres techniques de croissance spirituelle (voir p. 71 et suivantes), il est possible de transcender ces limitations et d'ouvrir la voie à une élévation des niveaux de conscience.

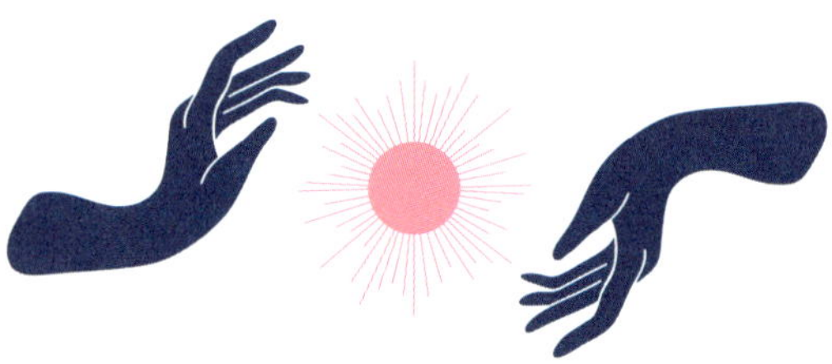

9 | Une croyance positive est une conviction ou une pensée constructive qui renforce la confiance en soi et la perception optimiste de la réalité. Elle peut être liée à la confiance en ses capacités, à l'optimisme quant à l'avenir et à la conviction que de bonnes choses peuvent arriver. En voici quelques exemples : « Le simple fait d'être né me donne le droit au respect, à l'amour et à la sécurité », « je suis capable de surmonter les défis que la vie pose sur mon chemin », « chaque jour apporte de nouvelles opportunités de découvrir, d'apprendre ».

Le manque de clarté et de vision

L'absence d'objectifs clairs, de vision personnelle ou de plan d'action peut rendre difficile la manifestation de l'abondance dans notre vie.

Le manque de clarté et de vision peut bloquer l'abondance principalement parce qu'il crée une absence de direction et de focalisation dans nos actions et nos intentions. Lorsque nous ne savons pas ce que nous voulons réellement ou où nous voulons aller, il devient difficile de prendre les mesures nécessaires pour attirer l'abondance dans notre vie.

Voici quelques raisons pour lesquelles le manque de clarté et de vision peut bloquer l'abondance.

L'ABSENCE DE FOCALISATION

Lorsque nous manquons de clarté et de vision, nos actions peuvent être dispersées et désorganisées. Nous nous retrouvons souvent occupés par des tâches sans réel objectif, ce qui nous éloigne de nos véritables aspirations. Sans une focalisation claire, il devient difficile d'attirer les opportunités et les ressources qui correspondent à nos véritables désirs.

LE MANQUE D'ALIGNEMENT

Le manque de clarté et de vision peut nous empêcher d'identifier nos valeurs fondamentales et nos objectifs personnels. Lorsque nous ne sommes pas alignés avec ce qui est important pour nous, nous pouvons nous retrouver à poursuivre des objectifs qui ne sont pas en harmonie avec notre véritable essence. Cela peut entraîner une sensation de vide et d'inaccomplissement, bloquant ainsi l'abondance qui découle de la réalisation de nos véritables aspirations.

LA DIFFICULTÉ À FIXER DES OBJECTIFS

Lorsque nous manquons de clarté et de vision, il est difficile de définir des objectifs précis et mesurables. Les objectifs clairs et spécifiques nous aident à créer un plan d'action et à orienter nos efforts vers des résultats concrets. Sans cette clarté de vision, nos actions peuvent sembler désordonnées et sans but précis, ce qui limite notre capacité à manifester l'abondance dans nos vies.

LE MANQUE DE MOTIVATION

Lorsque nous n'avons pas une vision claire de ce que nous voulons accomplir, il peut être difficile de maintenir la motivation nécessaire pour persévérer dans nos efforts. Une vision claire et inspirante nous permet de rester concentrés et engagés dans nos actions, même lorsque nous rencontrons des obstacles. Sans cette motivation, il est plus facile de se décourager et de renoncer, ce qui bloque notre capacité à attirer l'abondance.

LA DIFFICULTÉ À PRENDRE DES DÉCISIONS

Le manque de clarté et de vision peut également rendre difficile la prise de décisions importantes. Lorsque nous ne savons pas ce que nous voulons vraiment, il est plus facile de rester indécis et de procrastiner. Cela peut nous empêcher de saisir les opportunités qui se présentent à nous et de prendre les mesures nécessaires pour créer l'abondance dans notre vie.

Pour surmonter le blocage causé par le manque de clarté et de vision, il est essentiel de prendre le temps de réfléchir à nos désirs profonds, à nos valeurs et à nos aspirations. Cela peut inclure la pratique de la visualisation, la définition d'objectifs clairs et spécifiques, l'exploration de nos passions et de ce qui nous motive réellement ainsi que la création d'un plan d'action concret pour atteindre nos objectifs. En clarifiant notre vision et en établissant une direction claire, nous pouvons libérer l'énergie nécessaire pour attirer l'abondance dans notre vie.

Dans les profondeurs de notre être se cachent des désirs profonds qui façonnent nos vies de manière inconsciente. Se poser la question de ce que nous désirons réellement, au-delà des pressions extérieures, nous amène à reconsidérer nos valeurs et nos aspirations les plus authentiques. Qu'est-ce qui résonne véritablement en nous, et quels objectifs souhaitons-nous réellement poursuivre pour atteindre un épanouissement personnel complet ? Dans le prochain chapitre, nous explorerons des outils puissants qui vous permettront d'aligner vos pensées avec vos aspirations les plus profondes, afin de tracer le chemin vers la réalisation de vos rêves les plus chers.

L'entourage

Notre entourage, même si nous l'aimons, n'est pas forcément toujours un allié ou même « porteur ». Il peut s'avérer être castrateur, jugeant et limitant. Le terme entourage fait ici référence aux personnes que nous côtoyons au sens large. Il se compose de la famille, des amis, des connaissances (des collègues, par exemple).

Il arrive que l'entourage, pour diverses raisons, projette sur nous ses propres peurs, ses propres croyances limitantes et son ego dominant de façon totalement inconsciente.

Cela peut se manifester par une mère qui a tellement peur que son enfant subisse de la souffrance qu'elle fera tout pour lui éviter de la ressentir. Elle mettra en action des comportements (tout faire à sa place pour lui éviter un échec, par exemple), ce qui engendrera chez l'enfant l'incapacité à faire par ses propres moyens et une sensation d'être pris au piège. Le comportement de sa mère générera chez lui la croyance qu'il n'est pas capable de faire, mais aussi une souffrance : le parent ne lui fait pas confiance et l'enfant ne peut rien faire sans son aval.

Dans cette situation, la mère projettera sa propre peur au lieu d'apprendre à l'enfant que la vie fluctue entre facilité et difficulté, que la difficulté n'est pas dangereuse et qu'elle est capable de produire des choses, qu'il a sa confiance pour expérimenter et que s'il ne réussit pas au premier essai, ce n'est pas grave.

Je vous donne un autre exemple : vous pouvez avoir dans votre entourage une personne qui trouvera des arguments forts pour empêcher la personne d'avancer et réaliser son rêve. Elle dira par exemple « *as-tu conscience que tu vas devoir investir de l'argent et que si ça ne fonctionne pas, tu pourrais tout perdre ?* » au lieu de dire : « *Merveilleux projet ! Je serai ravi de suivre ton avancement et si je peux t'épauler avec des contacts ou des pistes, je suis disponible.* »

Malheureusement, les entourages limitants et castrateurs sont majoritaires à l'heure actuelle. Il est essentiel d'en prendre conscience pour sortir de ce que l'on appelle « les schémas de fonctionnement », qui est le prochain point que nous allons aborder.

Les schémas de fonctionnement

LES SCHÉMAS DE FONCTIONNEMENT AVEC L'ENTOURAGE

Cette notion vous est peut-être familière à travers celle de schémas familiaux. On l'entend souvent dans les faits divers malheureux : « *Il était en prise avec des schémas familiaux toxiques, ce qui l'a conduit au suicide.* »

Un schéma de fonctionnement est la façon dont une personne se comporte au quotidien, au milieu d'autres personnes. Autrement dit, votre « moi » est aussi une fille/un fils, une mère/un père, une sœur/un frère, une amie/un ami, une compagne/un compagnon ou tout autre rôle dans un ou plusieurs systèmes. Dans chaque système, vous vous comporterez selon un schéma de fonctionnement individuel qui se base sur des croyances.

Cela peut se manifester par exemple par le fait que vous préparerez chaque matin le café de la personne avec laquelle vous partagez votre vie amoureuse, car cela semble lui faire très plaisir de recevoir cette petite attention. Et voir la personne que vous aimez heureuse vous procure du bonheur.

Vous pouvez aussi, en tant que fille, faire tout ce qui est nécessaire pour ne pas mettre papa en colère. Parce que lorsqu'il se met en colère, il devient agressif et c'est douloureux.

Vous pouvez encore, sur votre lieu de travail, accepter beaucoup de choses qui sont irrespectueuses ou toxiques parce que vous pensez que vous pourriez perdre cet emploi que vous avez tant désiré.

Le schéma de fonctionnement variera à chaque fois que vous entrerez dans un système.

Quelquefois, les systèmes dans lesquels une personne évolue sont majoritairement dysfonctionnels et ne permettent pas à la personne de monter l'échelle énergétique, car elle devra faire abstraction de ses propres besoins pour continuer à en faire partie, parce qu'elle porte des croyances limitantes.

Tout ce qui peut se passer au sein des systèmes et des schémas de fonctionnement peut être très subtil et pernicieux.

Cependant, il est possible de prendre conscience de la façon dont une personne fonctionne pour ensuite vérifier si cela la bloque ou si cela lui permet d'évoluer au sein du système avec respect et amour de soi, mais aussi respect et amour des autres membres.

LA PROCRASTINATION

Une autre forme de schéma de fonctionnement bloquant est la malheureusement connue « procrastination », ce sentiment de se sentir complètement bloqué, tout en ayant conscience que vous êtes votre propre bourreau qui reste figé.

Pourtant, vous êtes préparé, avez toutes les clés en main pour commencer, mais il vous est impossible de faire le premier pas. Elle peut prendre diverses formes : vous lever pour ranger votre tasse de thé et ainsi éviter que le chat ne la pousse et la casse ; vous lever pour vous rendre à un rendez-vous en ligne dans le cadre professionnel ou encore passer « le » coup de téléphone qui pourrait changer votre vie.

Les causes de la procrastination peuvent être diverses et sont en lien direct avec certaines peurs que vous avez pu lister précédemment :

* avoir peur de ne pas être capable ;
* avoir peur de ne pas pouvoir faire face ;
* avoir peur du regard de l'autre ;
* avoir peur du changement.

L'objectif est de prendre conscience de vos schémas de fonctionnement pour savoir par la suite comment les aborder et comment les remplacer par de nouveaux schémas non limitants qui vont vous permettre de passer vers le prochain palier de conscience.

L'AUTOSABOTAGE

Qu'est-ce que c'est ?

L'autosabotage fait partie des schémas de fonctionnement, mais j'ai envie de lui donner une place de choix dans ce listing, car il devient de plus en plus présent et auprès de tout type de personnes. « *Pourquoi je continue à faire ça ?! Je sais que ça me conduira vers ce que je désire, mais je me sabote en...* » sont deux exemples de ce que l'on peut dire lorsqu'on se sabote.

La personne qui pratique l'autosabotage, que ce soit de façon inconsciente ou consciente, se trouve bloquée dans un schéma de fonctionnement interne qui est violent. Ce schéma bloque toute action qui pourrait mener à la réalisation d'un objectif ou rêve.

Et lorsque la personne en est consciente et tente de mettre des choses en place pour s'en libérer, elle replonge dans la majorité des cas encore et encore... ce qui la mène tout droit vers la descente de l'échelle des niveaux émotionnels.

Dans la pratique, il existe des milliers de façons de se saboter et elles prennent souvent des formes pernicieuses. Voyons quelques exemples.

Quelques exemples

La façon la plus courante de s'autosaboter est de blâmer les autres lorsqu'on a l'impression que rien ne se passe comme prévu. L'autosabotage prend place quand on applique ce blâme à tout ce qu'on vit ou prend comme décision. On accuse l'autre de nous empêcher de faire quelque chose alors qu'on avait la chance de pouvoir le faire.

On peut se dire par exemple, consciemment ou non: « *Je sais que ce networking est extrêmement qualitatif, car je pourrai y croiser une personne importante pour le développement de mon projet, mais mon compagnon n'apprécie pas que je me rende seule à un événement lié à la sphère professionnelle. Donc pour éviter une dispute et faire face, je vais décider de ne pas y aller et le blâmer. Ce sera sa faute à lui si je n'ai pas pu nouer ce contact.* »

L'autosabotage peut se manifester dans bien d'autres situations. Par exemple, vous faites face à des difficultés au sein de votre couple depuis quelque temps. Le comportement de l'autre vous irrite tellement que vous finissez par vivre une relation conflictuelle et vous décidez de rompre. Dans les premiers moments, vous avez l'impression que vous avez pris la bonne décision sans vous poser la question de la responsabilité que vous avez eue dans le fait que le comportement de l'autre change à ce point envers vous.

Ou bien au travail, vous vous sentez jalousé par un collègue en particulier. Vous décidez que vous allez fuir ce travail que vous aimez tant et qui vous a promis une belle promotion vers ce poste qui vous fait rêver depuis trois ans parce que vous ne supportez plus ses piques qui sous-tendent de la jalousie et un manque de reconnaissance. Mais en agissant ainsi, vous allez vous positionner dans le rôle de la victime sans pouvoir et démissionner plutôt que de reprendre le pouvoir et de faire face à cette personne à qui vous avez laissé l'espace pour vous attaquer sans écouter pourquoi elle se comporte de la sorte.

Quand vous pratiquez l'autosabotage, vous pouvez aussi créer des conflits avec vos amis, proches et connaissances parce que vous avez subi la sensation d'abandon de la part d'une personne importante à vos yeux. Vous menez ces conflits afin que vous puissiez à nouveau subir dans votre inconscient un autre abandon, vous trouver seul et dire « *je suis seul et de toute façon, on finit toujours par m'abandonner* ».

Le mode passif-agressif prend alors le dessus et nous empêche de dire: « *J'ai besoin d'aide, car j'ai vécu un abandon qui m'a vraiment blessé et j'ai besoin d'être guidé pour avancer sereinement dans toutes mes relations. Je désire vivre le bonheur de relations apaisées.* » Le mode passif-agressif se manifeste de différentes façons: les moqueries subtiles, l'humour blessant et irrespectueux, ignorer les demandes, le sarcasme.

Vous pouvez aussi vous engager dans des relations que vous savez ne pas être bénéfiques ou constructives. Cela peut prendre la forme de:

* entamer une relation avec une personne qui ne correspond pas du tout à votre système de valeurs;
* reprendre une relation avec une personne qui était toxique et manipulatrice;
* rester dans une relation qui ne mène à rien de bon;
* accepter d'avoir un enfant alors que cela va à l'encontre de votre besoin profond de ne pas en avoir pour des raisons qui vous sont personnelles et justes.

Tous ces comportements vous mènent à valider l'idée que, de toute façon, vous n'avez pas droit au bonheur. Alors vous ressentez de la douleur et de la frustration.

Dernier exemple: vous vous rabaissez en permanence. Ainsi, lorsque quelque chose ne se passe pas comme souhaité, vous pouvez dire haut et fort: « *J'avais raison lorsque je disais que…* »

Pour résumer, l'autosabotage est une forme violente de comportement qui empêche d'apprendre et avancer sur le chemin de la vie. Il peut prendre les formes précitées, mais il en existe d'autres. Mais d'où provient ce comportement d'autosabotage?

Comment expliquer ce comportement?

Selon certains experts, ce comportement se produit dès lors que l'on doit s'adapter à quelque chose qui ne nous convient pas par mesure de protection dans la plus tendre enfance. Ce comportement devient « chronique » et donc applicable à toute situation, selon la vision d'un subconscient bloqué dans la sensation de « survie ».

Voici un exemple de schéma d'autosabotage: lorsque vous étiez enfant, la seule façon d'attirer l'attention dont vous aviez besoin de la part d'un parent était de vous mettre en colère pour tout et rien. Vous avez déjà appris, lors de la petite enfance, que ce n'est pas bien d'utiliser la colère de façon permanente, mais vous persistez dans ce comportement pour recevoir l'attention. Vous créez sans le savoir un schéma d'autosabotage qui se répercutera dans l'âge adulte.

Arrivé alors sur le marché du travail, vous savez que c'est mal d'arriver toujours en retard, par respect pour les collègues qui, eux, ont fait le nécessaire pour arriver à l'heure. Mais vous savez que lorsque vous persistez à arriver en retard, le superviseur qui d'habitude ne vous donne aucune attention vous le fera observer de façon sèche à plusieurs reprises. Par ce comportement, il vous donne alors une attention particulière. Après quelques avertissements, il prendra la décision d'un licenciement. Vous perdrez votre travail au profit d'un schéma d'autosabotage.

REPÉRER SES SCHÉMAS DE FONCTIONNEMENT

Lorsqu'on a déjà fait un certain travail sur les peurs et les croyances, il est moins difficile de se pencher sur les schémas de fonctionnement.

Cela reste néanmoins une partie complexe à découvrir, à écouter et à transmuter.

Je vous propose de continuer dans la logique des exercices précédents et de prendre à nouveau votre carnet.

L'objectif est de vous visualiser dans une relation spécifique et d'étudier à la fois les liens que vous entretenez avec cette personne en tête à tête, mais aussi au sein d'un groupe.

Prenons un exemple : « *Je suis la fille de ma maman. Lorsque je suis seule en sa présence, elle se comporte avec moi* [qualifiez ici son attitude] *et je me comporte avec elle* [qualifiez ici votre attitude]. »

Pensez en premier lieu à tout ce qui semble être fluide et apaisé.

Ensuite, pensez aux moments et situations de friction.

Pour notre exemple : « *Comment ma mère s'est-elle comportée avec moi lorsque j'ai fait ou dit* [choisissez ici un moment conflictuel] ? Quel a alors été mon comportement ? Comment ai-je accueilli sa réaction et qu'est-ce que cela a généré chez moi à ce moment-là ?

Grâce à cette introspection, vous allez pouvoir prendre conscience d'un schéma dans le cas où la situation semble systématiquement se reproduire, à des moments spécifiques et avec des déclencheurs spécifiques.

Faites également l'exercice avec un autre point de vue : « *Lorsque ma mère et moi sommes en présence d'autres personnes, elle se comporte avec moi* [qualifiez ici son attitude] *et je me comporte avec elle* [qualifiez ici votre attitude] ». Poursuivez l'exercice comme précédemment et analysez ce qu'il en ressort.

Si certains schémas de fonctionnement émergent, n'hésitez pas à en parler de façon apaisée avec la personne concernée. Elle a certainement un rôle à jouer dans la nature de votre relation, car elle aussi a ses propres schémas de fonctionnement et réagit à des blessures conscientes ou inconscientes.

Vous pouvez aussi choisir d'en parler avec une personne spécialisée dans les constellations familiales, par exemple.

Passez en revue vos schémas de fonctionnement au sein de tous les groupes de personnes dans lesquels vous évoluez : famille proche, famille lointaine, amis, copains, collègues de travail, hiérarchie professionnelle, compagnon, compagne, mari...

Cet exercice vous permettra de prendre conscience de votre façon de fonctionner et de percevoir des choses dont vous ne soupçonniez pas l'existence. Il vous permettra d'avoir la possibilité de travailler sur certains éléments qui vous limitent et vous bloquent dans un palier énergétique.

Cela peut prendre quelques semaines comme plusieurs années, voire une ou deux décennies ! Ne vous comparez pas à d'autres personnes. Le but est de vous fixer l'objectif d'avancer dans votre expérience terrestre.

CHAPITRE 3

Augmenter ses vibrations et manifester l'abondance

Les exercices que je vous ai proposés dans le chapitre précédent posent une grande base de travail pour vous libérer d'un nombre incalculable de limitations. Une fois que vous avez décrypté votre propre mode de fonctionnement et scruté les systèmes qui vous entourent, il devient possible de tracer votre propre chemin vers l'abondance. Imaginez cela comme la construction d'une pyramide énergétique : vous gravissez les paliers vibratoires pour libérer l'abondance à travers des actions qui vous orientent vers elle. C'est l'objet de ce chapitre : la construction de votre plan d'action personnel.

Comme chaque individu possède une manière unique d'appréhender le monde, je vous offre ici une variété d'outils adaptés à divers styles de pensée et de perception. Que vous soyez visuel, sensoriel ou auditif, vous trouverez ici des ressources pour nourrir votre parcours vers l'abondance.

Vous trouverez des techniques que vous pouvez utiliser tout au long de votre cheminement sur l'échelle des états de conscience, en parallèle de votre travail d'introspection. Vous pourrez les tester une première fois puis y revenir au fur et à mesure que vous grimpez chaque barreau de l'échelle selon ce qui vous semble le plus pertinent. En effet, lorsqu'on chemine, la vision de la vie et de soi change. Ainsi, un exercice pourra vous apporter une chose à un moment précis et autre chose plus tard. Ces outils sont pratiqués par des milliers de personnes et leurs bienfaits ont été prouvés et démontrés.

Certains vous attirent plus que d'autres ? C'est normal. Choisissez ce qui vous fait le plus de bien, ce qui vous procure le plus de plaisir à pratiquer. Remonter l'échelle des niveaux de conscience est une aventure intense, mais elle ne doit pas forcément rimer avec douleur permanente.

Les outils de visualisation

Je vous propose ci-dessous une liste de techniques de visualisation que vous pouvez utiliser pour attirer l'abondance dans votre vie.

LA VISUALISATION GUIDÉE

Écoutez des enregistrements audio ou suivez des vidéos de visualisation guidée spécifiquement axées sur l'abondance, l'apaisement des peurs, l'amour de soi et la confiance en soi.

Ces ressources vous guideront à travers un voyage imaginaire où vous visualiserez votre vie abondante dans les moindres détails, en vous aidant à ressentir les émotions positives associées à cette réalité. Vous les trouvez sur des applications de méditation, mais également via des chaînes YouTube totalement dédiées. Certains coachs et thérapeutes en proposent également en téléchargement via leur site Internet.

LE *VISION BOARD*

Créez un tableau de vision en collant des images, des mots et des phrases représentant vos désirs d'abondance. Placez ce tableau dans un endroit où vous le verrez régulièrement afin de renforcer votre visualisation et de maintenir votre attention sur vos objectifs. Vous pouvez en réaliser plusieurs petits ou un seul grand, à votre convenance. Le but est de vous imaginer cette vie tant désirée et de la voir tous les jours. L'exercice se veut ludique et inspirant.

LA MÉDITATION GUIDÉE

Trouvez des méditations guidées spécifiquement conçues pour l'abondance. Pendant la méditation, visualisez-vous en train de recevoir et de manifester l'abondance dans tous les domaines de votre vie. Laissez-vous immerger dans les sensations et les émotions positives de cette réalité. Dès que possible, à d'autres moments de votre journée, tentez de retrouver ces sensations merveilleuses. Le cerveau ne sait pas faire la différence entre un ressenti d'une situation vécue ou un ressenti d'une situation imaginée.

LES TECHNIQUES DE RELAXATION

Dès que vous en ressentez le besoin, pratiquez des techniques de relaxation pour calmer votre esprit et votre corps.

Cela peut inclure des exercices de respiration profonde, des étirements doux ou des techniques de relaxation musculaire, un bain relaxant, une séance d'ancrage au sol dans un jardin, parc ou forêt.

La cohérence cardiaque, par exemple, est un outil précieux à pratiquer chaque jour et si possible plusieurs fois par jour.

Pour vous familiariser avec cette technique, voici un petit exercice que vous pouvez tester : le 365 de la cohérence cardiaque. Cet exercice rapide et simple vous permettra de vous reconnecter à vous-même par le biais d'un exercice de respiration, de revenir à l'instant présent et de vous déconnecter de toutes les pensées qui encombrent votre esprit. En effet, calmer le flux des pensées permet d'acquérir de la clarté et celle-ci est essentielle pour cheminer vers le travail à venir.

Je vous propose d'effectuer 6 respirations par minute, pendant 5 minutes. Inspirez sur 5 secondes, expirez sur 5 secondes (en comptant lentement jusqu'à 5). Répétez cet exercice de cohérence cardiaque jusqu'à ce que vous sentiez le calme s'installer en vous et les pensées parasites se taire. Il est recommandé de pratiquer assis ou debout, mais non couché.

LA VISUALISATION ACTIVE

Utilisez votre imagination pour créer des scénarios vivants et dynamiques dans votre esprit. Pour cela, fermez les yeux lorsque vous avez un moment à vous consacrer dans un espace et une position que vous appréciez.

Imaginez-vous en train de vivre votre vie abondante avec tous les détails, les couleurs, les sons et les sensations. Soyez actif dans votre visualisation, en vous impliquant pleinement dans chaque aspect de votre expérience.

Cette technique permet de développer son imaginaire, de vivre des sensations agréables, de renforcer les connexions neuronales, de clarifier certains objectifs s'inscrivant dans la création de votre vie rêvée, de réduire le stress, d'apaiser les peurs.

Répétition régulière

Pratiquez la visualisation régulièrement et de préférence dès que possible. Plus vous vous engagez dans cette pratique, plus vous renforcez les connexions neuronales associées à vos désirs d'abondance, ce qui facilite leur manifestation dans votre réalité.

Rappelez-vous que la clé d'une visualisation efficace est de ressentir les émotions positives liées à votre réalité souhaitée. Laissez-vous immerger dans les sentiments de gratitude, de joie et de satisfaction que vous ressentiriez en vivant votre vie abondante. En pratiquant régulièrement la visualisation, vous renforcez votre connexion avec l'abondance et vous créez un état d'esprit propice à sa manifestation dans votre vie.

La gratitude

La gratitude est une pratique puissante qui peut vous aider à vivre dans l'abondance. Il existe de nombreux livres et études autour de cette notion qui partent du principe que, dès lors que l'on prend conscience de toutes les choses, personnes, situations présentes dans notre vie et qui nous apportent quelque chose, cela permet de changer la vision que nous avons du monde. À l'opposé de lister les choses manquantes et de ne se concentrer que sur elles.

Voici quelques explications pour vous ouvrir la porte de cette pratique puissante.

POURQUOI PRATIQUER LA GRATITUDE ?

Attirer plus d'abondance

La gratitude crée un état d'esprit positif et ouvert, ce qui vous permet d'attirer plus d'abondance dans votre vie. Lorsque vous êtes reconnaissant pour ce que vous avez déjà, vous envoyez un message à l'univers selon lequel vous êtes prêt à recevoir davantage de bénédictions et de manifestations positives.

Changer votre perspective

La gratitude vous permet de voir les aspects positifs de votre vie même dans les moments difficiles. Elle vous aide à vous concentrer sur ce qui fonctionne plutôt que sur ce qui ne fonctionne pas, ce qui peut changer votre perspective tout en vous permettant de trouver des opportunités et des solutions là où vous ne les aviez peut-être pas vues auparavant.

Cultiver la satisfaction

La gratitude vous aide à vous sentir satisfait de ce que vous avez déjà. Au lieu de vous concentrer sur ce qui vous manque, vous appréciez ce qui est déjà présent dans votre vie. Cette satisfaction intérieure vous apporte un sentiment de plénitude et de contentement, vous libérant de la mentalité de manque qui peut bloquer l'abondance.

Élever votre fréquence vibratoire

La gratitude est une émotion positive et puissante qui élève votre fréquence vibratoire. Lorsque vous exprimez de la gratitude, vous vous alignez avec des énergies plus élevées, ce qui vous permet d'attirer des expériences et des opportunités plus alignées à l'état d'abondance.

Renforcer les relations

La gratitude renforce les liens avec les autres. Lorsque vous exprimez votre gratitude envers les personnes qui vous entourent, vous créez un environnement harmonieux et nourrissant. Elle favorise des relations positives et épanouissantes, ce qui peut contribuer à votre sentiment global d'abondance et de bien-être.

Favoriser la créativité

La gratitude ouvre votre esprit à de nouvelles idées et à de nouvelles possibilités. Lorsque vous êtes reconnaissant, vous êtes plus ouvert à recevoir des inspirations et des solutions créatives. Cela peut vous aider à trouver de nouvelles opportunités d'abondance et à développer votre potentiel.

Augmenter le bonheur

La gratitude est étroitement liée au bonheur. En étant reconnaissant pour ce que vous avez, vous cultivez un état d'esprit positif et vous ressentez plus de bonheur dans votre vie quotidienne. Le bonheur est une composante essentielle de l'expérience d'abondance, car l'abondance ne se limite pas seulement aux biens matériels, mais englobe également le bien-être émotionnel et spirituel.

COMMENT PRATIQUER LA GRATITUDE ?

La pratique de la gratitude peut prendre différentes formes. Il est important de trouver celle qui vous convient le mieux. Voici quelques suggestions de pratiques.

Le journal de gratitude

Prenez quelques minutes chaque jour pour écrire dans un journal de gratitude. Notez les choses, personnes, situations, leçons pour lesquelles vous êtes reconnaissant dans votre vie. Ce peut être de simples moments de joie, la présence de certaines personnes à vos côtés, des accomplissements, des expériences positives, etc. Soyez spécifique et ressentez la gratitude profondément en vous.

Si vous n'avez jamais pratiqué et ne savez pas comment faire, voici un exemple.

« Cher [journal de gratitude / univers / source divine],
Aujourd'hui, je suis reconnaissant(e) pour:

Ma santé: je suis tellement reconnaissant(e) d'avoir un corps sain et énergique qui me permet de vivre pleinement ma vie. Je suis reconnaissant(e) pour ma capacité à bouger, à ressentir et à profiter de toutes les expériences sensorielles qui enrichissent mon existence.

Mes proches: je suis profondément reconnaissant(e) pour ma famille et mes amis qui sont toujours là pour moi, qui me soutiennent, m'aiment et me donnent un sentiment d'appartenance et de soutien. Leurs sourires, leurs rires et leurs étreintes sont une source infinie de bonheur dans ma vie.

Mon travail et ma carrière: je ressens une immense gratitude pour mon travail et ma carrière. Je suis reconnaissant(e) d'avoir la possibilité de faire ce que j'aime, d'exprimer ma créativité et d'apporter une contribution significative au monde. Chaque jour, j'apprends et je grandis professionnellement, et cela me remplit de gratitude et de satisfaction.

La nature: je suis profondément reconnaissant(e) pour la beauté de la nature qui m'entoure. Les paysages magnifiques, les fleurs colorées, les arbres majestueux et les doux chants des oiseaux me rappellent la splendeur et l'harmonie de l'univers. J'apprécie chaque promenade en nature comme une occasion de me connecter profondément à moi-même et à tout ce qui m'entoure.

Les petites joies du quotidien: je suis reconnaissant(e) pour les petites joies simples de la vie quotidienne. Un café chaud le matin, un coucher de soleil spectaculaire, un livre captivant, une bonne conversation, un moment de silence méditatif: ces moments de gratitude me rappellent que le bonheur réside souvent dans les petites choses et qu'il est accessible à tout moment.

Les apprentissages: je suis reconnaissant(e) pour tous les apprentissages qui me sont présentés, toutes les leçons même si quelquefois elles me paraissent compliquées. Je sais que tout ce qui se présente à moi est fait pour me faire réfléchir et évoluer.

Je termine ma note de gratitude avec un cœur reconnaissant et la promesse de cultiver cette gratitude chaque jour. Merci, cher journal de gratitude, de me permettre de m'ancrer dans l'appréciation de la vie.

Avec amour et reconnaissance,
[Votre prénom] »

Le journal de gratitude peut être coloré, fun, agrémenté de petits collages si cela vous met dans une énergie de joie, de bonheur.

La gratitude au réveil et au coucher

Commencez et terminez votre journée en exprimant mentalement ou à voix haute ce pour quoi vous êtes reconnaissant. Prenez quelques instants dès votre réveil pour reconnaître les bénédictions et les opportunités de la journée à venir. Avant de vous coucher, réfléchissez aux moments positifs et aux leçons apprises pendant la journée.

Les lettres de gratitude

Écrivez des lettres de gratitude à des personnes qui ont eu un impact positif dans votre vie. Exprimez votre reconnaissance et partagez avec elles les raisons pour lesquelles vous êtes reconnaissant. Vous pouvez choisir de leur envoyer les lettres ou simplement les garder pour vous.

Pratiquer la gratitude en groupe

Organisez des moments de partage de gratitudes en famille ou entre amis. Chacun peut prendre quelques instants pour exprimer ce pour quoi il est reconnaissant et créer une atmosphère positive et inspirante.

Méditation et gratitude

Intégrez la gratitude dans votre pratique de méditation. Asseyez-vous dans un endroit calme, fermez les yeux et respirez profondément. Concentrez-vous sur votre respiration et visualisez les aspects de votre vie pour lesquels vous êtes reconnaissant. Ressentez profondément cette gratitude et laissez-la se répandre dans tout votre être.

Reconnaissance dans l'action

Montrez votre gratitude envers les autres en accomplissant des actes de gentillesse et de générosité. Faites preuve de gratitude envers les personnes qui vous entourent, partagez des compliments et offrez votre aide lorsque c'est possible.

Gratitude dans les moments difficiles

Pratiquez la gratitude même dans les moments difficiles. Cherchez les leçons, les opportunités de croissance et les aspects positifs cachés dans les défis que vous rencontrez. Exprimez votre gratitude pour votre force intérieure et votre capacité à surmonter les obstacles.

Note

N'oubliez pas que la pratique de la gratitude est personnelle et que vous pouvez l'adapter selon vos préférences. L'important est de cultiver régulièrement un état d'esprit de gratitude, de ressentir profondément cette émotion positive et de l'exprimer de différentes manières dans votre vie quotidienne.

Les affirmations

Les affirmations et les mantras sont deux outils utilisés dans des pratiques spirituelles et de développement personnel, mais ils diffèrent légèrement dans leur approche et leur utilisation. Les affirmations sont des déclarations positives et intentionnelles qui reprogramment l'esprit subconscient tandis que les mantras sont des sons sacrés répétés pour élever la conscience et se connecter au Divin. Les affirmations se concentrent davantage sur le changement personnel et les aspects spécifiques de la vie tandis que les mantras visent à transcender l'ego et à élargir la conscience vers des niveaux plus élevés de l'existence. Les deux sont des outils puissants pour la croissance personnelle et spirituelle, chacun avec sa propre approche et ses avantages uniques. Intéressons-nous maintenant en détail à chacun d'eux.

QU'EST-CE QUE C'EST ?

Les affirmations sont des déclarations positives et intentionnelles que vous vous faites à vous-même. Elles sont utilisées pour reprogrammer l'esprit subconscient et renforcer des croyances positives. Les affirmations se concentrent généralement sur des aspects spécifiques de votre vie tels que la santé, les relations, la prospérité, la confiance en soi, etc., par exemple : « *Je suis digne de bonheur et de réussite dans ma vie.* » Elles sont répétées régulièrement et avec conviction pour renforcer la nouvelle programmation positive dans l'esprit.

Les affirmations sont souvent formulées au présent, comme si elles étaient déjà une réalité. Elles visent à changer les schémas de pensée limitants et négatifs en créant de nouvelles voies neuronales positives. Les affirmations peuvent être personnalisées en fonction de vos besoins et de vos intentions spécifiques.

POURQUOI ÇA FONCTIONNE ?

Les affirmations positives sont une pratique puissante pour monter dans les niveaux de conscience, car elles agissent comme des outils de reprogrammation mentale et de transformation personnelle.

Voici quelques raisons pour lesquelles les affirmations sont bénéfiques pour élever votre niveau de conscience.

* **Programmation subconsciente :** les affirmations répétées régulièrement agissent sur votre subconscient. Elles permettent de remplacer les schémas de pensée négatifs, les croyances limitantes et les habitudes non bénéfiques par des

pensées positives, des croyances alignées avec l'abondance et des comportements constructifs. En reprogrammant votre subconscient avec des affirmations positives, vous créez de nouveaux schémas mentaux qui favorisent une perception élargie de la réalité et une conscience plus élevée.

* **Focus de l'attention :** lorsque vous répétez des affirmations positives, vous dirigez consciemment votre attention vers des pensées et des idées qui soutiennent votre élévation de conscience. Vous vous concentrez sur des concepts tels que l'abondance, la gratitude, l'amour et l'harmonie, ce qui crée une vibration énergétique plus élevée dans votre être. Votre attention est ainsi détournée des pensées négatives et des schémas de pensée limitants, ce qui vous permet d'accéder à des états de conscience plus élevés.

* **Programmation neurologique :** les affirmations positives influencent également la structure neuronale de votre cerveau. Lorsque vous répétez régulièrement des affirmations, cela renforce les connexions neuronales liées à ces pensées positives. Votre cerveau crée de nouvelles voies neuronales qui soutiennent une perspective plus élevée et une conscience élargie. Cela facilite un changement de perspective et une ouverture à de nouvelles possibilités et opportunités.

* **Alignement vibratoire :** les affirmations positives agissent également sur votre énergie et votre vibration. En répétant des affirmations positives, vous émettez une vibration élevée et alignée avec l'abondance, la joie et l'amour. Selon les principes de la loi de l'attraction, cette vibration élevée attire des expériences et des circonstances similaires dans votre réalité. En élevant votre vibration avec des affirmations positives, vous vous alignez avec des niveaux de conscience supérieurs et vous attirez naturellement des opportunités et des expériences qui correspondent à cette vibration.

En pratiquant régulièrement les affirmations positives, vous élevez progressivement votre niveau de conscience. Cela vous permet de vous libérer des schémas de pensée limitants, de développer une perception plus élargie de vous-même et de votre réalité, et d'attirer une abondance plus grande dans tous les aspects de votre vie. Les affirmations sont un outil puissant pour soutenir votre cheminement vers une conscience supérieure et une vie plus épanouissante.

15 AFFIRMATIONS POUR AIDER À MONTER EN NIVEAU DE CONSCIENCE

Voici une liste d'affirmations pour vous aider à monter dans les niveaux de conscience : choisissez les affirmations qui résonnent le plus en vous et répétez-les régulièrement avec conviction et intention. Laissez-les vous guider vers une conscience supérieure et une réalité plus alignée avec votre véritable essence.

1/ « Je suis conscient(e) de ma propre divinité et je choisis d'incarner cette conscience dans tous les aspects de ma vie. »

2/ « Je suis ouvert(e) à recevoir la sagesse et les enseignements de l'univers, et je suis prêt(e) à évoluer vers des niveaux de conscience supérieurs. »

3/ « Je me libère de toutes les croyances limitantes qui ne servent pas mon plus haut bien et j'embrasse des croyances qui m'élèvent et me soutiennent. »

4/ « Je suis connecté(e) à la source infinie de sagesse et d'amour universel, et je permets à cette énergie de guider mes choix et mes actions. »

5/ « Je suis reconnaissant(e) pour toutes les expériences de croissance et d'éveil que je rencontre sur mon chemin. »

6/ « Je choisis de vivre dans l'amour inconditionnel et de partager cette énergie avec le monde qui m'entoure. »

7/ « Je m'ouvre à la conscience cosmique et je permets à cette conscience d'influencer positivement ma vie. »

8/ « Je suis aligné(e) avec ma mission d'âme et je suis guidé(e) par mon intuition pour créer une réalité qui reflète ma véritable essence. »

9/ « Je laisse aller tous les schémas de pensée et les émotions qui ne sont pas alignés avec mon plus haut potentiel, et je choisis de vibrer dans la pureté de mon être. »

10/ « Je suis un canal clair et pur pour la lumière et l'énergie divines, et je les laisse circuler à travers moi pour le plus grand bien de tous. »

11/ « Je suis conscient(e) de l'interconnectivité de toute chose et je cultive des relations et des interactions basées sur l'amour, le respect et la compassion. »

12/ « Je suis responsable de ma propre réalité et je choisis de créer une réalité qui est en harmonie avec mes valeurs les plus élevées. »

13/ « Je suis un être puissant et créatif, et je peux manifester mes désirs les plus profonds dans ma réalité. »

14/ « Je suis aligné(e) avec l'abondance infinie de l'univers et je permets à cette abondance de se manifester dans tous les domaines de ma vie. »

15/ « Je suis en constante expansion et je suis ouvert(e) à de nouvelles perspectives et opportunités qui me guident vers des niveaux de conscience encore plus élevés. »

15 AFFIRMATIONS POUR ATTIRER L'ABONDANCE

Vous trouverez ci-dessous une seconde liste d'affirmations positives pour attirer l'abondance dans votre vie. L'utilisation régulière de ces affirmations positives peut aider à reprogrammer votre subconscient et à attirer l'abondance dans votre vie. Procédez comme les affirmations précédentes pour les choisir et les utiliser.

1/ *« Je suis digne de recevoir l'abondance infinie de l'univers. »*

2/ *« J'attire facilement et naturellement l'abondance dans tous les domaines de ma vie. »*

3/ *« Je mérite d'avoir une vie remplie d'opportunités, de succès et de prospérité. »*

4/ *« L'abondance est mon droit de naissance et je l'accueille avec gratitude. »*

5/ *« Je suis ouvert(e) et réceptif(ve) à toutes les formes d'abondance qui se manifestent dans ma vie. »*

6/ *« Chaque jour, je m'aligne avec l'énergie de l'abondance et je la laisse circuler librement à travers moi. »*

7/ *« Je choisis de penser de manière positive et d'attirer des expériences d'abondance dans ma réalité. »*

8/ *« Je suis reconnaissant(e) pour tout ce que j'ai déjà et je m'ouvre à recevoir davantage d'abondance. »*

9/ *« Je libère toutes mes croyances limitantes sur l'argent et je me permets d'attirer une abondance financière illimitée. »*

10/ *« Je crée ma propre réalité et je choisis de créer une réalité abondante et prospère. »*

11/ *« Je suis connecté(e) à la source infinie d'abondance et je me laisse guider vers les meilleures opportunités. »*

12/ *« L'abondance se manifeste dans ma vie de manière harmonieuse et équilibrée. »*

13/ *« Je suis rempli(e) d'amour, de joie et de gratitude, et cela attire l'abondance à moi. »*

14/ *« Je suis prêt(e) à recevoir et à utiliser l'abondance pour le plus grand bien de tous. »*

15/ *« Je crois en mes talents, mes compétences et ma capacité à créer une vie abondante. »*

Les mantras

QU'EST-CE QUE C'EST ?

Les mantras sont des sons, des mots ou des phrases sacrées qui sont répétés de manière régulière et rythmique. Ils proviennent souvent de langues anciennes comme le sanskrit. Les mantras ont une signification profonde et sont associés à des divinités, des principes spirituels ou des intentions spécifiques. Ils sont utilisés pour élever la conscience, cultiver la concentration, l'intériorisation et la connexion avec le Divin.

Les mantras sont répétés avec une intention claire et une attention concentrée. Ils peuvent être chantés à voix haute ou répétés silencieusement dans l'esprit. Leur répétition régulière permet de calmer le mental, d'ouvrir le cœur et de se connecter à des dimensions plus élevées de la conscience. Les mantras ont une vibration et une énergie spécifiques qui agissent sur les différents niveaux de l'être, favorisant l'équilibre, l'harmonie et l'éveil spirituel. L'utilisation de mantras est une pratique ancienne et puissante pour élever les niveaux de conscience. Dans un premier temps, voyons pourquoi les mantras sont efficaces pour cette progression.

POURQUOI ÇA FONCTIONNE ?

Focalisation de l'esprit : les mantras fournissent un point de concentration pour l'esprit. En répétant un mantra de manière régulière et constante, vous dirigez votre attention vers une seule pensée ou intention, ce qui calme le flot constant des pensées et permet à l'esprit de se concentrer profondément. La répétition de mantras favorise un état de présence et de clarté mentale, propice à une conscience élevée.

Énergie et vibration : les mantras sont des combinaisons de sons et de syllabes sacrés qui émettent une énergie et une vibration spécifiques. Lorsque vous répétez un mantra, vous entrez en résonance avec cette vibration et vous harmonisez votre énergie avec elle. Cette vibration élevée aide à libérer les blocages énergétiques, à ouvrir les canaux subtils du corps et à élever votre fréquence vibratoire.

Reprogrammation de l'esprit subconscient : les mantras ont le pouvoir de reprogrammer l'esprit subconscient. En répétant régulièrement un mantra, vous pouvez remplacer les schémas de pensée limitants, les croyances négatives et les habitudes destructrices par des pensées positives, des croyances alignées et des comportements bénéfiques. Cela permet de libérer les anciennes programmations qui bloquent la conscience élevée et de créer de nouvelles voies neuronales favorables à l'expansion de la conscience.

Alignement avec l'essence spirituelle : les mantras sont souvent associés à des divinités ou à des principes spirituels. En répétant un mantra, vous vous reliez à l'essence de cette divinité ou de ce principe et vous vous alignez avec ses qualités et ses énergies. Cette pratique vous permet de vous connecter à votre véritable nature spirituelle, d'ouvrir votre cœur et de développer des qualités telles que l'amour, la compassion, la gratitude et la sagesse qui sont essentielles pour une conscience élevée.

Éveil de la conscience supérieure : les mantras sont des outils pour éveiller la conscience supérieure. Ils agissent comme des portes d'entrée vers des états de conscience élargis, où vous pouvez expérimenter une plus grande clarté, une connexion plus profonde avec le Divin et une conscience élargie de vous-même et du monde qui vous entoure. Les mantras vous aident à transcender les limitations de l'ego et à vous ouvrir à des dimensions plus vastes de l'existence.

L'utilisation régulière et disciplinée des mantras peut progressivement élever votre niveau de conscience, vous aidant à vous connecter à votre essence spirituelle, à libérer les blocages mentaux et énergétiques et à développer une conscience plus élargie, éveillée. C'est une pratique personnelle et profonde qui demande engagement et persévérance, mais les bénéfices en termes de croissance spirituelle et de réalisation personnelle en valent la peine.

10 MANTRAS POUR AIDER À MONTER EN NIVEAU DE CONSCIENCE

Je vous propose ci-dessous une liste de mantras qui peuvent vous aider à monter dans les niveaux de conscience. Choisissez un ou plusieurs mantras qui résonnent en vous et répétez-les régulièrement lors de vos pratiques de méditation, de prière ou simplement tout au long de la journée. Laissez ces mantras vous guider vers des niveaux de conscience plus élevés et vous rappeler votre véritable nature spirituelle.

1/ **« Om » :** ce mantra universel représente l'essence de la réalité ultime et peut vous aider à vous connecter à une conscience supérieure.

2/ **« So Ham » :** ce mantra signifie « *je suis cela* » en sanskrit, symbolisant l'unité de l'individu avec l'univers. Il peut vous aider à vous rappeler votre véritable nature divine.

3/ **« Sat Nam » :** ce mantra signifie « *je suis la vérité* » en sanskrit, et il peut vous aider à vous aligner avec votre vérité intérieure et à vivre dans l'authenticité.

4/ **« Om Mani Padme Hum » :** ce mantra est associé au bodhisattva de la compassion, Avalokiteśvara. Il peut vous aider à cultiver la compassion envers vous-même et envers les autres.

5/ **« Aham Brahmasmi » :** ce mantra signifie « *je suis l'univers* » en sanskrit et il vous rappelle votre connexion intrinsèque à la conscience universelle.

6/ **« Lokah Samastah Sukhino Bhavantu » :** ce mantra se traduit par « *que tous les êtres dans tous les mondes soient heureux et en paix* ». Il vous permet de cultiver un sentiment d'amour et de bienveillance envers tous les êtres.

7/ **« Om Shanti Shanti Shanti » :** ce mantra est une invocation pour la paix intérieure, la paix dans la société et la paix dans l'univers.

8/ **« Om Namah Shivaya » :** ce mantra est dédié à Shiva, représentant la conscience suprême. Il peut vous aider à vous éveiller à votre propre divinité intérieure.

9/ **« Hare Krishna, Hare Rama » :** ce mantra est une invocation à la déesse Krishna et au dieu Rama. Il peut vous aider à élever votre conscience et à vous connecter à la source divine.

10/ **« I am Love, I am Light » :** ce mantra réaffirme votre nature essentielle d'amour et de lumière, vous aidant à vous connecter à votre véritable essence.

La méditation

La méditation est une pratique ancienne qui peut jouer un rôle essentiel dans l'élévation des niveaux de conscience. Voici quelques raisons qui expliquent pourquoi la méditation est importante pour remonter les niveaux de conscience.

POURQUOI ÇA FONCTIONNE ?

Calme et clarté mentale : la méditation permet de calmer le flux incessant de pensées et de cultiver un état de clarté mentale. En se détachant des pensées et des préoccupations quotidiennes, on peut accéder à un espace de tranquillité intérieure où la conscience peut s'élever. Cela permet de libérer l'esprit des distractions et de créer un espace propice à une conscience plus profonde.

Observation de soi : la méditation nous invite à observer nos pensées, nos émotions et nos sensations sans jugement. En étant attentifs à notre propre expérience intérieure, nous développons une plus grande conscience de nous-mêmes et de notre fonctionnement interne. Cela nous permet de prendre du recul par rapport à nos schémas de pensée et de comportements habituels, mais aussi de dépasser ces modèles conditionnés.

Expansion de la conscience : la méditation favorise l'expansion de la conscience en nous permettant d'explorer des dimensions plus profondes de notre être. Par la pratique régulière de la méditation, nous pouvons transcender les limites de notre ego et entrer en contact avec une conscience plus vaste et universelle. Cela peut nous aider à développer une vision plus holistique de la réalité et à percevoir la nature interconnectée de toute chose.

Ouverture à la sagesse intérieure : la méditation nous permet d'accéder à notre sagesse intérieure et à notre intuition. En calmant notre esprit et en nous connectant à notre essence la plus profonde, nous pouvons recevoir des visions et des guidances qui viennent de notre être intérieur. Cette sagesse intérieure peut nous guider vers des choix et des actions alignés avec notre véritable nature et favoriser ainsi notre élévation de conscience.

Culture de l'amour et de la bienveillance : la méditation nous invite à cultiver des états d'amour inconditionnel et de bienveillance envers nous-mêmes et envers les autres. En développant ces qualités, nous élargissons notre conscience pour inclure tous les êtres et pour reconnaître notre interconnexion avec le monde. Cela favorise une conscience plus élevée axée sur l'unité et l'harmonie.

En pratiquant régulièrement la méditation, nous pouvons progressivement remonter les niveaux de conscience, passer de la conscience ordinaire à des états de conscience élargie et transcendants. Cette pratique nous permet de vivre plus pleinement dans le moment présent, de développer une plus grande clarté, une sagesse profonde et une ouverture à notre potentiel le plus élevé.

8 TYPES DE MÉDITATION

Il existe de nombreux types de méditation, chacun ayant ses propres spécificités et approches. Voici une liste non exhaustive des différents types de méditation. Peut-être qu'une technique ou une autre vous correspondra et vous donnera l'envie d'essayer.

1. La méditation de pleine conscience (*Mindfulness*) : elle consiste à porter une attention bienveillante et non jugeante à l'instant présent, en observant les sensations corporelles, les pensées et les émotions qui se manifestent. L'objectif est de développer une conscience accrue de notre expérience présente et d'accepter les choses telles qu'elles sont.

2. La méditation transcendantale (*Transcendental Meditation*) : la méditation transcendantale est une technique de méditation qui utilise des mantras pour atteindre un état de calme mental profond (voir p. 85). L'objectif est d'expérimenter un état de conscience transcendantale, au-delà des pensées et des sensations.

3. La méditation guidée : la méditation guidée est une forme de méditation où l'on suit les instructions d'un guide ou d'un enregistrement audio. Le guide dirige la méditation en fournissant des instructions verbales pour aider à se détendre, à se concentrer et à explorer différentes dimensions de l'expérience intérieure.

4. La méditation Vipassana : la méditation Vipassana, également appelée méditation de vision profonde, est une pratique de méditation traditionnelle du bouddhisme. Elle consiste à observer de manière attentive et pénétrante les sensations physiques et les processus mentaux qui se produisent dans le corps et l'esprit. L'objectif est de développer une clarté et une compréhension profondes de la nature de l'expérience.

5. La méditation zen : la méditation zen est une pratique de méditation d'origine bouddhiste qui met l'accent sur la posture, la respiration et la conscience de l'instant présent. Elle implique généralement de s'asseoir en position du lotus ou du demi-lotus, de se concentrer sur sa respiration et de lâcher prise quand des pensées surgissent.

6. La méditation des chakras : elle se concentre sur l'éveil et l'harmonisation des centres d'énergie dans le corps, connus sous le nom de chakras. Chaque chakra est associé à des qualités spécifiques et en méditant sur ces centres énergétiques, on cherche à équilibrer et à revitaliser l'énergie dans le corps.

7. La méditation du mantra : la méditation du mantra utilise des mots, des syllabes ou des phrases répétées mentalement pour focaliser l'esprit et induire un état de calme et de concentration. Les mantras sont souvent choisis pour leur signification spirituelle ou leur résonance sonore (voir quelques exemples de mantras p. 86).

8. La méditation en mouvement : la méditation en mouvement intègre des mouvements lents et conscients comme ceux du yoga, tai-chi ou qigong avec des pratiques de pleine conscience. Elle permet d'expérimenter la méditation tout en étant en mouvement, en cultivant une conscience de l'harmonie entre le corps et l'esprit.

Ces différentes formes de méditation offrent des approches variées pour calmer l'esprit, développer la conscience et cultiver des états de paix intérieure. Chacune a ses spécificités et peut être choisie en fonction des besoins individuels et des préférences personnelles. Il est également possible de combiner différentes techniques de méditation pour créer une pratique adaptée à ses besoins spécifiques.

Le *journaling*

Le *journaling*, également connu sous le nom d'écriture introspective ou d'écriture expressive, est une pratique qui consiste à écrire régulièrement ses pensées, ses émotions, ses expériences et ses réflexions.

POURQUOI ÇA FONCTIONNE ?

Le *journaling* peut jouer un rôle significatif dans l'élévation des niveaux de conscience pour plusieurs raisons :

* **Prise de conscience :** lorsque nous écrivons, nous sommes encouragés à réfléchir de manière plus profonde sur nos pensées, nos émotions et nos expériences. En mettant nos pensées par écrit, nous pouvons prendre du recul et observer nos schémas de pensée, nos croyances et nos comportements de manière plus objective. Cette prise de conscience est essentielle pour l'élévation de la conscience, car elle nous permet d'identifier les aspects de nous-mêmes qui pourraient être limitants ou bloquants.

* **Exploration de soi :** le *journaling* offre un espace sûr pour explorer notre monde intérieur. En écrivant nos pensées, nos rêves, nos aspirations et nos préoccupations, nous pouvons nous plonger profondément dans notre être intérieur et explorer les couches plus profondes de notre conscience. Cette exploration de soi permet de mieux se connaître, de comprendre ses motivations, ses désirs et ses peurs, mais aussi d'entretenir une plus grande clarté et une plus grande connexion avec notre véritable essence.

* **Libération émotionnelle :** l'écriture peut être un moyen puissant de libérer et de traiter nos émotions. En mettant nos sentiments par écrit, nous les extériorisons et les reconnaissons, ce qui peut nous aider à mieux les comprendre et à les gérer. Le *journaling* permet d'exprimer librement nos émotions sans jugement, ce qui favorise la guérison émotionnelle et le développement d'une plus grande stabilité émotionnelle.

* **Réflexion et apprentissage :** en écrivant régulièrement, nous pouvons examiner nos expériences passées, les leçons que nous en avons tirées et nos succès. Cette réflexion nous permet d'extraire des enseignements et des perspectives précieuses sur notre parcours de vie. Le *journaling* nous encourage à être conscients de nos erreurs passées, de nos schémas répétitifs et de nos succès, nous permettant ainsi de grandir et de progresser sur notre chemin de développement personnel et spirituel.

* **Manifestation et intention :** le *journaling* peut également être utilisé pour formuler nos intentions, nos objectifs et nos aspirations. En écrivant clairement ce que nous souhaitons attirer dans notre vie, nous créons une forme d'engagement envers nous-mêmes et l'univers. Cela renforce notre focalisation, notre motivation et notre alignement avec nos objectifs, favorisant ainsi la manifestation de l'abondance et des expériences positives dans notre vie.

Le *journaling* est une pratique puissante pour l'élévation des niveaux de conscience. En nous permettant d'explorer notre monde intérieur, de libérer nos émotions, de réfléchir sur nos expériences et de formuler nos intentions, il nous aide à développer une conscience plus profonde, à cultiver la clarté mentale et à attirer l'abondance dans notre vie.

C'est une de mes pratiques favorites depuis l'enfance.

8 TECHNIQUES DE *JOURNALING* POUR ÉLEVER LA CONSCIENCE ET ATTIRER L'ABONDANCE

Le journal de gratitude

(voir p. 77).

Le journal d'intention

Écrivez vos intentions pour attirer l'abondance dans votre vie. Formulez des affirmations positives et spécifiques au présent. Elles peuvent avoir comme thématiques vos désirs, vos objectifs financiers, des relations harmonieuses, votre santé, votre carrière, etc. Réécrivez ces intentions régulièrement et ressentez-les comme déjà réalisées.

Le journal d'exploration de soi

Utilisez votre journal pour explorer vos pensées, vos émotions et vos croyances autour de l'argent, de l'abondance et de votre valeur personnelle. Identifiez les croyances limitantes ou les schémas de pensée négatifs qui pourraient vous bloquer et travaillez à les transformer en affirmations positives et constructives.

Voici quelques questions à vous poser pour partir à la découverte de qui vous êtes :

* Dans quelle phase suis-je actuellement ?
* Que m'apprend cette phase ?
* Ai-je appris ce dont j'ai besoin pour passer à la phase suivante ?
* Suis-je en train de désapprendre ?
* Qu'est-ce qui m'a apporté le plus de joie ? le plus de défis ? Comment cela m'a-t-il façonné ?
* À quoi est-ce que je m'accroche et qui, je le sais, me limite ?
* Pourquoi est-ce que je laisse un espace libre pour ces choses/personnes/croyances toxiques ?
* Ai-je réellement pris soin de moi récemment ?
* Comment puis-je prendre soin de moi-même avec plus de compassion ?
* Comment puis-je créer plus d'espace pour simplement être ?
* Est-ce que je prends soin de mes besoins et de mes désirs ?
* Est-ce que je dis oui quand je devrais dire non ?

* Comment puis-je m'aimer davantage aujourd'hui ?
* Est-ce que j'accepte les changements ou les transitions de vie auxquelles je fais face ?
* Sur quelles pensées positives me concernant puis-je me concentrer ?
* D'où viennent ces pensées ?
* Est-ce les miennes ou appartiennent-elles à quelqu'un d'autre ?
* Que puis-je apprendre de ces pensées ?
* Quelles croyances sont rattachées à ces pensées ?
* Depuis combien de temps ai-je ces croyances ?
* D'où viennent-elles ?
* Chacune a-t-elle atteint son objectif ?
* Puis-je abandonner la pensée et la croyance ?
* Quel genre de pensées est-ce que je nourris ?
* Sur quoi mon esprit est-il orienté ?
* Dans quelle direction mon état d'esprit m'amène-t-il ?
* Est-ce une pensée progressiste ?
* Est-ce que j'exerce ma force mentale et mon autorité en préservant de telles pensées ?
* De quoi puis-je être reconnaissant et qu'est-ce qui peut me rendre optimiste en ce moment ?
* À quoi est-ce que je m'accroche et qu'il serait opportun d'abandonner ?

Le journal de visualisation créative

La technique de *journaling* de visualisation créative est une pratique puissante qui combine l'écriture et la visualisation pour manifester vos désirs et attirer l'abondance dans votre vie (voir pages précédentes).

Voici comment vous pouvez procéder :

1/ Choisissez un moment calme : trouvez un endroit tranquille où vous pourrez vous concentrer et vous détendre. Éliminez les distractions et créez un espace propice à la réflexion et à la créativité.

2/ Préparez votre journal : utilisez un carnet ou un journal spécialement dédié à cette pratique. Assurez-vous d'avoir des stylos, marqueurs ou crayons que vous aimez utiliser.

3/ Formulez une intention : avant de commencer, énoncez clairement votre intention pour votre séance de *journaling*. Par exemple : « *Je vais utiliser ce temps pour visualiser et écrire sur ma vie abondante dans les moindres détails.* »

4/ Visualisez votre vie abondante : fermez les yeux et imaginez-vous vivant votre vie idéale, remplie d'abondance dans tous les domaines qui vous importent : finances, relations, carrière, santé, etc. Visualisez les détails de cette réalité, les lieux où vous vous trouvez, les personnes avec qui vous interagissez, les objets que vous possédez, les activités que vous faites, etc.

5/ Ouvrez votre journal et écrivez : racontez l'histoire de cette personne que vous êtes et qui vit dans une notion d'abondance et d'élévation de ses niveaux de conscience. Décrivez en détail tout ce que vous avez visualisé. Soyez précis et spécifique dans vos descriptions. Utilisez tous vos sens pour rendre votre écriture plus vivante : décrivez les couleurs, les sons, les odeurs, les sensations physiques, etc.

6/ Ressentez les émotions qui vos traversent : pendant que vous écrivez, laissez-vous immerger dans les émotions positives associées à votre vie abondante. Ressentez la gratitude, la joie, l'excitation et la satisfaction comme si tout ce que vous écriviez était déjà votre réalité. Laissez les émotions remplir votre être pendant l'écriture.

7/ Relisez et répétez : une fois que vous avez terminé d'écrire, prenez un moment pour relire ce que vous avez écrit. Laissez-vous imprégner des sentiments positifs que vos mots ont évoqués. Vous pouvez également répéter certaines phrases ou affirmations clés qui vous ont particulièrement touché.

Pratiquez cette technique de *journaling* de visualisation créative régulièrement, dès que vous en ressentez l'envie et/ou le besoin. Plus vous vous engagez dans cette pratique, plus vous renforcez votre connexion avec l'abondance et créez un alignement entre vos pensées, vos émotions et vos actions.

La technique de *journaling* de visualisation créative vous permet de concrétiser vos rêves et vos aspirations en les exprimant par écrit avec une intention claire. En combinant la visualisation avec l'écriture, vous renforcez votre pouvoir de manifestation et vous vous alignez sur l'abondance que vous désirez attirer dans votre vie.

Le journal d'exploration des blocages

Identifiez les peurs, les doutes et les croyances qui pourraient bloquer votre accès à l'abondance. Écrivez sur ces blocages et explorez leur origine. Travaillez ensuite à les dissoudre et à les remplacer par des croyances positives et alignées avec l'abondance.

Le journal d'actions inspirées

Écrivez sur les actions inspirées que vous pouvez entreprendre pour attirer l'abondance dans votre vie. Explorez les idées qui vous viennent à l'esprit et notez les actions concrètes que vous pouvez faire pour manifester vos aspirations financières et matérielles. Des actions inspirées sont des actions qui servent votre objectif de l'abondance.

Le journal de suivi des progrès

Utilisez votre journal pour suivre vos progrès dans la réalisation de vos objectifs d'abondance. Écrivez-y les étapes que vous avez franchies, les leçons que vous avez apprises et les succès que vous avez rencontrés. Cela vous permettra de rester motivé et de garder une trace de votre cheminement vers l'abondance.

Le journal 3-6-9

Saviez-vous que vous avez le pouvoir de créer la vie dont vous rêvez en pratiquant la méthode de manifestation des nombres divins 3, 6 et 9 ?

Elle a été mise en avant par le célèbre inventeur Nikola Tesla qui était subjugué par la numérologie, les mathématiques et la spiritualité.

Selon lui, il est possible de construire des schémas de pensées créatrices en utilisant la numérologie et plus particulièrement l'énergie des nombres 3, 6 et 9. Il était persuadé que les nombres 3, 6 et 9 sont des nombres à caractère divin et qu'ils sont la clé pour révéler tous les secrets de l'univers.

Il disait : « *si vous désirez trouver les secrets de l'univers, pensez en termes d'énergie, de fréquence et de vibration* » et « *si seulement vous connaissiez la magnificence de 3, 6 et 9, alors vous auriez la clé de l'univers* ».

Selon sa vision :

* le nombre 3 représente notre connexion à la source de l'univers et à notre force créatrice ;
* le nombre 6 représente notre force intérieure et l'harmonie ;
* le nombre 9 représente notre (re)naissance à notre soi supérieur en relâchant ce qui ne nous sert plus.

En focalisant ses pensées pendant 17 secondes (le temps nécessaire au cerveau d'ancrer une pensée) et en utilisant la visualisation répétitive au travers du pouvoir de ces trois nombres divins, il serait possible de créer la vie dont on rêve.

C'est ce que je vous propose avec ce journal : vous imprégner de l'énergie de ces nombres divins et pratiquer cette méthode qui vous permettra de construire une vie qui vous semble juste et qui vous apporte le bonheur dont vous rêvez secrètement. Voici comment procéder :

1/ Brainstormez : définissez vos objectifs. Le processus de brainstorming vous oblige à prendre le temps de réfléchir à ce que vous désirez réellement atteindre et vivre.

2/ Établissez une liste de tous les objectifs que vous désirez vous fixer afin de pouvoir l'utiliser lors de votre pratique.

3/ Listez une série d'affirmations en lien avec ces objectifs.

Exemples d'objectifs :
« *Je désire gagner 25 000 € cette année avec mon activité complémentaire, car cela me permettra d'atteindre la liberté financière que je désire tant.* »
« *Je désire emmener mes enfants aux États-Unis l'année prochaine, car cela apportera de la joie dans nos vies.* »

Exemples d'affirmations liées aux objectifs :
« Quelle merveilleuse sensation de réussir tout ce que j'entreprends avec passion et bienveillance. »
« Je suis heureuse de partager ce voyage avec mes enfants. Les vues sont magnifiques ici. »

4/ Chaque jour, prenez un objectif et son affirmation, notez l'objectif et ensuite écrivez l'affirmation trois fois le matin, six fois vers midi et neuf fois avant le coucher.

Après chaque séance d'écriture, lâchez prise sur l'objectif et il se réalisera au moment où ce sera juste.

Les sons

LES FRÉQUENCES MUSICALES

Le pouvoir des fréquences musicales pour gravir les niveaux de conscience repose sur le principe de la résonance et de l'impact de la musique sur notre être tout entier. Voici quelques points clés qui expliquent ce phénomène.

Pourquoi ça fonctionne ?

Résonance et harmonie : tout dans l'univers vibre à une fréquence spécifique, y compris notre corps, notre esprit et notre conscience. Lorsque nous écoutons de la musique avec des fréquences harmonieuses, notre système vibratoire a tendance à se synchroniser avec ces fréquences, créant une résonance et une harmonie intérieures. Cela peut avoir un effet apaisant, équilibrant sur notre état de conscience et permettre de l'élever.

État modifié de conscience : la musique peut induire des états modifiés de conscience, notamment par le biais de certaines fréquences et de motifs rythmiques spécifiques. Par exemple, les battements binauraux, qui sont créés par la combinaison de deux fréquences légèrement différentes dans chaque oreille, peuvent entraîner des ondes cérébrales spécifiques et favoriser des états de conscience altérés tels que la relaxation profonde, la méditation ou même des expériences transcendantales.

Activation des centres énergétiques : selon les traditions spirituelles et les systèmes de croyances, notre corps est traversé par des canaux énergétiques tels que les méridiens ou les chakras. Certaines fréquences musicales peuvent être spécialement accordées pour activer, équilibrer et harmoniser ces centres énergétiques. Par exemple, la musique basée sur les gammes pentatoniques est souvent associée à la stimulation du chakra du cœur, à l'ouverture de l'amour et de la compassion.

Émotion et résonance émotionnelle : la musique a le pouvoir de nous émouvoir profondément. Les mélodies, les accords et les paroles peuvent susciter des émotions spécifiques et créer une résonance émotionnelle en nous. Lorsque nous écoutons de la musique qui génère des émotions positives comme la joie, l'amour ou la paix, cela a un effet bénéfique sur notre état de conscience en élevant notre vibration émotionnelle et en nous ouvrant à des expériences plus élevées.

Créativité et inspiration : la musique peut stimuler la créativité et l'inspiration, car elle nous permet d'accéder à des états de conscience expansifs et d'explorer de nouvelles idées, perspectives et possibilités. En écoutant de la musique qui résonne avec notre âme et notre créativité, nous pouvons nous connecter à notre essence la plus profonde et transcender les limitations de l'esprit ordinaire.

Il est important de noter que chacun réagit différemment à la musique. Aussi, ce qui peut être élevant pour une personne peut ne pas l'être pour une autre. L'expérience et l'effet de la musique sur la conscience sont donc propres à chaque individu.

13 fréquences musicales d'élévation

La fréquence musicale, mesurée en hertz (Hz), est la vitesse à laquelle les vibrations sonores se propagent dans l'air. Les fréquences musicales peuvent jouer un rôle puissant dans l'élévation des niveaux de conscience en induisant la résonance, en stimulant les états modifiés de conscience, en activant les centres énergétiques, en évoquant des émotions positives, en favorisant la créativité et l'inspiration. En choisissant de manière consciente la musique que nous écoutons, nous pouvons nous immerger dans des fréquences qui élèvent notre conscience et nous aident à nous connecter à notre essence la plus profonde et à des réalités plus vastes.

Il existe plusieurs fréquences musicales qui sont souvent associées à des aspects spirituels et à l'élévation de la conscience. Voici quelques-unes des fréquences les plus couramment mentionnées dans ce contexte.

- **74 Hz :** c'est la fréquence de base pour la guérison et la libération des énergies négatives.

- **285 Hz :** cette fréquence favorise l'énergie et la motivation.

- **396 Hz :** cette fréquence libère de la peur, la culpabilité et les blocages émotionnels.

- **417 Hz :** cette fréquence facilite le changement et la transformation.

- **432 Hz :** cette fréquence est souvent considérée comme une fréquence naturelle et harmonieuse, en résonance avec les lois universelles. Certains croient qu'elle favorise la relaxation, l'équilibre, la guérison et l'harmonisation de l'être.

- **528 Hz :** connue sous le nom de « fréquence de l'amour » ou « fréquence de guérison », cette fréquence est associée à la transformation, à la guérison émotionnelle et à la connexion profonde avec soi-même et avec les autres.

- **639 Hz :** cette fréquence est souvent considérée comme la fréquence de l'harmonie relationnelle. On dit qu'elle aide à renforcer les relations, à favoriser la communication aimante et à guérir les conflits.

- **741 Hz :** cette fréquence est souvent associée à la purification, à la dissolution des blocages énergétiques et à l'expression authentique de soi. Certains l'utilisent pour libérer les émotions négatives et favoriser l'équilibre émotionnel.

- **852 Hz :** cette fréquence est souvent liée à la réactivation de l'intuition, à la connexion avec la sagesse intérieure et à l'éveil spirituel. Certains considèrent qu'elle aide à accéder à des états de conscience plus élevés.

* **963 Hz :** cette fréquence favorise la connexion spirituelle, l'activation de la glande pinéale et l'éveil de la conscience supérieure.

* **432 Hz :** cette fréquence est souvent associée à l'harmonie naturelle, à l'équilibre et à la relaxation.

* **6 396 Hz :** cette fréquence favorise la clarté mentale, la concentration et la créativité.

* **10 000 Hz :** cette fréquence est souvent utilisée pour la méditation et l'élévation de la conscience.

Des centaines de sons sont disponibles sur le web, créées sur ces fréquences. Il est essentiel de ne pas mélanger toutes les fréquences musicales et bombarder notre corps et notre âme avec des sons qui travaillent des énergies différentes. De même, il n'est pas opportun de sauter des étapes en allant chercher des fréquences qui sont trop éloignées de notre état actuel. Par exemple, si vous avez pris conscience que vous êtes dans un palier énergétique bas, typiquement le 1, utilisez la fréquence de 396 Hz pour vous permettre de vous libérer de ce palier. Et ainsi de suite. Si vous êtes musicien, vous pouvez créer vous-même ces sons et les diffuser, les chanter.

Les types de sons et les outils

LE TAMBOUR CHAMANIQUE

Comment ça fonctionne ?

J'aimerais à présent continuer à vous parler de sons en évoquant le tambour chamanique, devenu très à la mode au cours des six dernières années en Europe.

Le tambour chamanique est un instrument traditionnel utilisé dans les pratiques chamaniques à travers le monde. Il est souvent utilisé pour faciliter des états modifiés de conscience, favoriser la guérison, l'exploration spirituelle et l'expansion de la conscience.

Les tambours chamaniques ne sont généralement pas accordés à des fréquences musicales spécifiques comme les instruments mélodiques tels que les guitares ou les pianos. Ils se caractérisent plutôt par leur rythme, leur résonance et leur vibration.

Cependant, il est possible de considérer les fréquences harmoniques générées par les tambours chamaniques. Celles-ci peuvent varier en fonction de la taille, du matériau et de la tension de la peau du tambour. Les tambours chamaniques peuvent produire des fréquences harmoniques multiples, allant de basses fréquences à des fréquences plus élevées.

Les fréquences harmoniques générées par les tambours chamaniques peuvent être ressenties plus intensément dans le corps et dans l'espace environnant plutôt que perçues comme des notes distinctes. Ces instruments sont souvent conçus pour créer une résonance profonde et enveloppante qui peut induire un état de relaxation profonde et faciliter les états modifiés de conscience.

Il convient de noter que la puissance et l'impact des tambours chamaniques ne sont pas nécessairement liés à des fréquences spécifiques, mais plutôt à la qualité sonore globale du tambour et à la manière dont on en joue. Le battement régulier, la répétition et le rythme constant du tambour chamanique sont souvent considérés comme essentiels pour induire des états de transe, de guérison et de connexion spirituelle.

Ses bienfaits

Voici quelques-uns des bienfaits du tambour chamanique sur les niveaux de conscience.

* **Induction d'un état de transe :** le rythme répétitif et constant du tambour chamanique peut induire un état de transe chez le joueur et chez ceux qui l'écoutent. Cet état modifié de conscience permet d'accéder à des dimensions plus profondes de l'esprit et d'explorer des réalités non ordinaires.

* **Harmonisation des ondes cérébrales :** le rythme régulier du tambour chamanique, généralement autour de quatre à sept battements par seconde, est connu pour favoriser la synchronisation des ondes cérébrales, en particulier les ondes thêta et les ondes alpha. Cela peut faciliter la relaxation profonde, la méditation et l'accès à des états de conscience élargis.

* **Connexion avec les esprits et les guides :** le tambour chamanique est souvent utilisé pour faciliter la communication avec les esprits, les guides et les ancêtres. Le son du tambour peut servir de pont entre les mondes spirituels et le monde physique, aidant ainsi à établir des connexions et à recevoir des informations et des guidances spirituelles.

* **Purification et élimination des blocages énergétiques :** le son puissant du tambour chamanique est souvent utilisé pour libérer et dissoudre les blocages énergétiques. Il peut aider à déloger les énergies stagnantes, à purifier les chakras et à restaurer l'équilibre énergétique dans le corps et l'esprit.

* **Guérison émotionnelle et spirituelle :** le tambour chamanique est considéré comme un outil de guérison puissant. Son rythme régulier et enveloppant peut aider à libérer les émotions refoulées, à soulager le stress et à favoriser la guérison émotionnelle et spirituelle. Il peut également aider à induire des états de relaxation profonde, favorisant ainsi la réparation et le renouvellement de l'âme.

Il convient de noter que les expériences avec le tambour chamanique peuvent varier d'une personne à l'autre. Certaines personnes peuvent ressentir des sensations de légèreté, d'euphorie, de connexion spirituelle profonde ou d'expansion de conscience tandis que d'autres peuvent ressentir une profonde relaxation et un soulagement du stress. Il est important de respecter ses propres limites et de travailler avec le tambour chamanique dans un cadre sûr et respectueux, guidé par un praticien expérimenté si nécessaire.

LES RYTHMES BINAURAUX

Les rythmes binauraux sont des ondes sonores conçues pour favoriser certains états du cerveau. La technique consiste à jouer simultanément deux fréquences sonores différentes, une dans chaque oreille. Cela crée une illusion auditive dans le cerveau qui perçoit un troisième son. Appelé battement binaural, il résulte de la différence entre les deux fréquences.

Les rythmes binauraux sont souvent utilisés comme outils pour favoriser l'élévation de la conscience et induire des états modifiés de conscience. Voici quelques-uns des bienfaits des rythmes binauraux pour l'élévation de la conscience.

* **Synchronisation des ondes cérébrales :** les rythmes binauraux ont la capacité de synchroniser les ondes cérébrales, en particulier les ondes thêta (4-7 Hz) et les ondes alpha (8-13 Hz), qui sont associées à des états de relaxation profonde, de méditation et d'accès à des niveaux de conscience élargis. Lorsque le cerveau est exposé à des battements binauraux, il a tendance à suivre ces fréquences, facilitant ainsi l'entrée dans des états de conscience modifiée[10].

* **Induction de la relaxation et de la méditation profondes :** les rythmes binauraux sont souvent utilisés comme fond sonore pour les séances de relaxation et de méditation. Les battements binauraux favorisent la détente, réduisent le stress et aident à calmer l'esprit, ce qui facilite l'expérience d'une relaxation et d'une méditation profondes. Cela permet de libérer les tensions, d'apaiser les pensées incessantes et de favoriser une connexion intérieure plus profonde.

* **Amélioration de la concentration et de la focalisation :** les rythmes binauraux peuvent également aider à améliorer la concentration et la focalisation mentale. Lorsque le cerveau est exposé à des fréquences spécifiques, il peut faciliter la concentration et aider à éliminer les distractions externes. Cela peut être bénéfique pour les tâches nécessitant une attention soutenue, comme l'étude, le travail créatif ou la résolution de problèmes.

* **Élargissement de la conscience et accès à des états de conscience élargis :** les rythmes binauraux peuvent aider à ouvrir les portes de la conscience et à faciliter l'accès à des états de conscience élargis, tels que les expériences spirituelles, les voyages intérieurs et l'exploration de la conscience supérieure. Les battements binauraux peuvent créer un pont entre la conscience ordinaire et la conscience transcendantale, facilitant ainsi l'expérience d'une conscience élargie et d'une connexion avec le Divin.

Il est important de noter que les effets des rythmes binauraux peuvent varier d'une personne à l'autre. Certaines personnes peuvent ressentir des effets plus prononcés tandis que d'autres peuvent les percevoir plus subtilement. Il est également essentiel d'utiliser les rythmes binauraux de manière appropriée, dans

10 | Un état de conscience modifié fait référence à un état mental qui diffère de l'état de conscience habituel, souvent caractérisé par des changements dans la perception, les émotions et les pensées. Ces états peuvent être induits par des pratiques telles que la méditation, l'hypnose, l'écoute de certains types de sons, la consommation de certaines substances ou même par des expériences spirituelles. Ils peuvent se manifester par une augmentation de la clarté mentale, une relaxation profonde, des visions intenses ou des changements dans la perception du temps. Les états de conscience modifiés induisent une amélioration de la positivité, de la concentration et de la connexion intérieure, ainsi qu'une activation de la visualisation créative. Ces effets peuvent être impactants pour l'abondance en favorisant une attitude positive propice à la manifestation des désirs profonds, en renforçant la capacité à fixer des objectifs clairs, en facilitant l'identification des aspirations authentiques, et en aidant à créer des images mentales claires des objectifs d'abondance.

un environnement calme et propice à la relaxation ou à la méditation, et de respecter ses propres limites et besoins.

On peut trouver des enregistrements de rythmes binauraux sur des plateformes telles que YouTube mais également sur certaines applications dédiées à la méditation ou encore via des artistes indépendants. L'objectif est de les écouter, de tester si cela vous fait du bien. Si c'est le cas, n'hésitez pas à en écouter chaque jour.

LES CHANTS GRÉGORIENS

Les chants grégoriens sont une forme de musique sacrée qui remonte au Moyen Âge. Ils sont connus pour leur caractère spirituel et méditatif. Ces mélodies liturgiques ont été utilisées par l'Église catholique pour accompagner la prière et la liturgie pendant des siècles. L'une des caractéristiques distinctives des chants grégoriens est qu'ils utilisent des mélodies simples et des gammes modales, qui sont des arrangements de notes spécifiques.

Dans le cas des chants grégoriens, les fréquences utilisées sont généralement basses et harmonieuses. Ces fréquences plus basses sont souvent associées à des sentiments de calme, de méditation et de réflexion profonde. Elles peuvent également avoir un effet apaisant sur l'esprit et le corps.

La musique a toujours été un moyen puissant d'exprimer des émotions collectives. Les chants grégoriens, en raison de leur nature méditative, peuvent favoriser un sentiment d'unité et de paix parmi les participants à une session d'écoute de ces chants. La musique peut renforcer le sentiment de solidarité et d'engagement.

De plus, les fréquences musicales basses des chants grégoriens peuvent avoir un impact sur l'état mental et émotionnel des personnes qui les écoutent. Des études ont montré que des fréquences plus basses peuvent réduire le stress, favoriser la concentration et même induire un état de méditation.

Enfin, la musique a également le pouvoir d'inspirer et de motiver les gens. Les chants grégoriens, en raison de leur profondeur spirituelle, pourraient susciter un sentiment d'inspiration et de détermination aux personnes qui les écoutent. Cela pourrait les encourager à poursuivre leurs efforts pour la justice sociale ou politique avec une ténacité renouvelée.

Les chants grégoriens sont facilement disponibles sur la plateforme YouTube, de façon gratuite. Les écouter régulièrement avant une séance de méditation peut vous permettre de vous apaiser, de vous ancrer et d'équilibrer votre système nerveux.

Le tarot

Utilisé comme un outil de divination, le tarot est bien plus complexe que l'on peut quelquefois se l'imaginer, surtout lorsqu'il est abordé et utilisé en explorant les significations profondes, les implications psychologiques et spirituelles des 22 arcanes majeurs.

Ceux-ci mettent en lumière la richesse symbolique du tarot, invitant les utilisateurs à explorer leur propre cheminement intérieur à travers cet outil. Il offre une perspective unique sur les niveaux de conscience et offre des clés pour une meilleure compréhension de soi et du monde qui nous entoure.

Il existe d'ailleurs plusieurs ouvrages qui présentent le tarot comme un miroir de l'âme humaine, offrant des enseignements précieux pour comprendre notre cheminement personnel et notre relation avec le monde qui nous entoure. Ils encouragent les lecteurs à utiliser le tarot comme un outil d'introspection, de guérison et de transformation.

POURQUOI ÇA FONCTIONNE ?

Le tarot est un outil puissant pour l'élévation spirituelle en raison de plusieurs aspects fondamentaux.

* **Symboles universels :** les cartes du tarot sont riches en symboles archétypaux qui transcendent les cultures et les époques. Ces symboles ont une signification profonde et universelle qui résonne avec l'inconscient collectif. En travaillant avec ces symboles, on peut accéder à des aspects plus profonds de soi-même et de l'univers.

* **Réflexion et introspection :** le tarot invite à la réflexion et à l'introspection. Lorsque nous tirons une carte ou effectuons une lecture, nous sommes encouragés à nous poser des questions, à examiner nos croyances, nos motivations, et à explorer notre propre psyché. Cette introspection peut conduire à une meilleure connaissance de soi et à une plus grande clarté spirituelle.

* **Guidance et inspiration :** les cartes du tarot peuvent servir de guide et d'inspiration dans notre cheminement spirituel. Elles peuvent nous offrir des perspectives nouvelles, des conseils pratiques et des idées inspirantes pour surmonter les défis, développer nos talents et suivre notre véritable voie. Le tarot peut nous aider à nous connecter à notre intuition et à accéder à des niveaux plus élevés de conscience.

* **Connexion avec le Divin :** le tarot peut être utilisé comme un moyen de se connecter avec le Divin, quelle que soit notre conception de celui-ci. En travaillant avec les cartes, nous pouvons entrer en communion avec une énergie supérieure, obtenir des messages de guidance et établir une relation plus profonde avec notre spiritualité.

* **Transformation personnelle :** l'utilisation régulière du tarot peut favoriser la transformation personnelle et l'évolution spirituelle. Les lectures de tarot peuvent mettre en lumière nos schémas de pensée et de comportement limitants, nous aider à identifier nos blocages et nos défis, mais aussi nous encourager à prendre des mesures pour les surmonter. Le tarot est un outil de croissance personnelle qui nous aide à nous libérer des limitations et à embrasser notre plein potentiel.

En somme, le tarot permet l'élévation spirituelle en nous offrant un moyen de nous connecter à notre sagesse intérieure, d'explorer notre spiritualité, de recevoir des enseignements et des conseils, et de transformer notre être. Il nous aide à approfondir notre compréhension de nous-mêmes, de l'univers et du Divin, tout comme à cheminer vers une plus grande conscience et une plus grande harmonie intérieure.

LA SIGNIFICATION DES 22 ARCANES MAJEURS

Je vous propose de découvrir cet outil d'élévation avec la signification des arcanes majeurs. Les 22 arcanes majeurs du tarot sont une série de cartes symboliques qui représentent des aspects clés de l'existence humaine et du voyage de l'âme. Chaque arcane majeur possède sa propre signification profonde et ses implications psychologiques et spirituelles. Voici une brève exploration de ces arcanes.

1/ **Le Bateleur :** représente le pouvoir de la manifestation, la créativité et le potentiel illimité.

2/ **La Papesse :** symbolise la sagesse intuitive, la connaissance ésotérique et la réceptivité.

3/ **L'Impératrice :** représente la féminité, la fertilité, la créativité et l'abondance.

4/ **L'Empereur :** symbolise l'autorité, la structure, la discipline et la manifestation concrète.

5/ **Le Pape :** représente la spiritualité organisée, les enseignements traditionnels et la guidance spirituelle.

6/ **L'Amoureux :** symbolise le choix, l'harmonie, les relations amoureuses et les partenariats.

7/ **Le Chariot :** représente la volonté, le contrôle, la victoire et la maîtrise de soi.

8/ **La Justice :** symbolise l'équilibre, la vérité, le discernement et la responsabilité.

9/ **L'Hermite :** représente la sagesse intérieure, la réflexion, la solitude et la recherche spirituelle.

10/ **La Roue de Fortune :** symbolise le destin, le cycle de la vie, les opportunités et les changements.

11/ **La Force :** représente le courage, la maîtrise de soi, la compassion et la force intérieure.

12/ **Le Pendu :** symbolise le lâcher-prise, la suspension, la transformation et le sacrifice.

13/ **La Mort :** représente la fin d'un cycle, la transformation profonde et le renouveau.

14/ **La Tempérance :** symbolise l'harmonie, l'équilibre, la modération et la guérison.

15/ **Le Diable :** représente les attachements, les illusions, les peurs et la libération des chaînes.

16/ **La Maison-Dieu :** symbolise la destruction, la crise, la renaissance et la libération.

17/ **L'Étoile :** représente l'espoir, l'inspiration, la guidance divine et la spiritualité.

18/ **La Lune :** symbolise l'inconscient, l'intuition, les rêves et les illusions.

19/ **Le Soleil :** représente la joie, la vitalité, la clarté et la réalisation de soi.

20/ **Le Jugement :** symbolise la révélation, le renouveau, la transformation et le jugement intérieur.

21/ **Le Monde :** représente l'accomplissement, l'intégration, l'achèvement et la plénitude.

22/ **Le Mat :** symbolise le voyage de l'âme, la liberté, l'innocence et le dépassement des limites.

Chaque arcane majeur du tarot est une porte d'accès à une dimension de l'expérience humaine et de la conscience. Ensemble, ils offrent des enseignements profonds sur les différents aspects de la vie et invitent à une exploration plus intime.

CHAPITRE 4

Matérialiser et amplifier : la magie de l'abondance

Bienvenue dans le chapitre le plus enchanté de ce voyage vers l'abondance. Nous avons exploré les méandres du développement personnel, plongé dans les profondeurs de la méditation et exploré les arcanes de la visualisation. Maintenant, il est temps de découvrir la magie de l'abondance. Mais que vient faire la magie dans un livre sur l'abondance ?

La magie n'est pas réservée aux contes de fées ni aux histoires fantastiques. Elle est une force mystérieuse présente en chacun de nous, une force qui peut être canalisée pour créer des changements puissants dans notre réalité. Les rituels magiques que je vous présente ici sont conçus pour éveiller cette magie intérieure, pour déclencher le potentiel créatif qui sommeille en vous.

Dans ce chapitre, nous allons transcender les limites de la logique et du rationnel pour embrasser l'extraordinaire et l'illimité. Nous allons fusionner le monde tangible avec celui des énergies invisibles, créant ainsi un espace où nos intentions peuvent fleurir comme des sortilèges.

Chaque rituel magique que je partage avec vous a été soigneusement sélectionné pour vous aider à attirer l'abondance sous différentes formes : la prospérité matérielle, la richesse spirituelle, l'amour, la santé et bien plus encore. Ces rituels ne sont pas de simples tours de passe-passe, mais des actes symboliques puissants qui renforcent votre connexion avec l'univers, votre propre pouvoir intérieur et vos objectifs d'abondance.

En intégrant des rituels intentionnels dans votre routine maintenant que vous avez pu comprendre le contexte et les notions, je vous propose de découvrir une série de rituels à pratiquer dans le cadre de votre recherche d'abondance dans votre vie. Ils sont prévus pour ritualiser dans la matière les passages des paliers énergétiques que nous avons abordés précédemment.

Rappelez-vous : la magie réside dans la croyance. Plus vous vous investirez dans ces rituels avec foi et intention, plus leur potentiel magique sera amplifié. Vous êtes le sorcier ou la sorcière de votre propre destin et ces rituels sont les sorts que vous tissez pour créer votre réalité idéale.

Préparez-vous à plonger dans un monde où l'impossible devient possible, où les rêves se matérialisent et où l'abondance coule comme une rivière. La magie de l'abondance vous attend. Êtes-vous prêt à la saisir ?

Quelques grands principes

RITUEL ET MAGIE : DEUX VOIES VERS LE SACRÉ

Avant de plonger tête baissée dans les rituels, j'aimerais apporter une précision au sujet de cette notion. En effet, il existe des rituels qui peuvent être liés à la pratique de la magie et d'autres qui peuvent être très cartésiens. Le monde mystique regorge de pratiques et de concepts qui fascinent et intriguent l'esprit humain depuis des siècles. Parmi eux, les notions de rituel et de magie suscitent souvent des questions et des confusions. Bien que les deux soient étroitement liés, ils représentent néanmoins des voies distinctes vers le sacré. Avant de se lancer, il est important d'explorer la différence entre rituel et magie, en mettant en évidence leurs caractéristiques uniques et leurs objectifs spécifiques.

Le rituel : une célébration sacrée structurée

Les rituels sont des pratiques symboliques et structurées qui se déroulent selon un ordre précis. Ils sont généralement basés sur des traditions, des croyances religieuses ou des coutumes spécifiques. Les rituels peuvent être observés individuellement ou collectivement. Ils impliquent souvent des gestes, des répétitions de mots ou de chants, des offrandes et des symboles sacrés. Ils sont conçus pour créer un espace sacré, honorer les divinités, marquer des moments importants de la vie ou entrer en communion avec des forces spirituelles. Leur objectif principal est de favoriser la connexion avec le sacré, d'apporter un sentiment de sens et d'alignement avec les forces supérieures.

La magie : l'art de manipuler l'énergie

La magie, quant à elle, est un art ancien qui implique la manipulation consciente de l'énergie afin de provoquer les changements ou les résultats souhaités. Elle peut être pratiquée individuellement ou en groupe et repose sur l'utilisation d'outils, de symboles, de rituels et de pratiques spécifiques. La magie peut être perçue comme une tentative de s'aligner avec les lois universelles et d'influencer le cours des événements en utilisant l'énergie personnelle et les forces naturelles. L'objectif de la magie est d'apporter des transformations, de réaliser des désirs ou de guérir à travers l'exploitation de l'énergie intrinsèque de l'univers.

Récapitulons les différences fondamentales entre rituel et magie.

* **Structure *vs* créativité :** les rituels suivent souvent une structure préétablie et sont répétés selon des règles spécifiques tandis que la magie permet plus de créativité et d'adaptation individuelle dans les pratiques.

* **Orientation vers le sacré *vs* résultats pratiques :** les rituels sont principalement axés sur la connexion sacrée, la célébration du Divin tandis que la magie se concentre sur l'atteinte de résultats pratiques, la réalisation de souhaits personnels ou la guérison.

* **Collectif *vs* individuel :** les rituels peuvent être observés collectivement, dans le cadre d'une communauté ou d'un groupe religieux, tandis que la magie peut être pratiquée de manière individuelle bien que certaines traditions magiques permettent également une pratique collective.

* **Communion avec le Divin *vs* manipulation de l'énergie :** les rituels visent à établir une connexion avec le Divin, à honorer les forces supérieures ou à marquer des événements significatifs tandis que la magie se concentre sur l'utilisation de l'énergie pour influencer les circonstances ou provoquer des changements.

En résumé, les rituels et la magie partagent des aspects communs et sont souvent interconnectés, mais représentent deux voies distinctes vers le sacré. Les rituels célèbrent la connexion avec le Divin et apportent un sens profond à la vie quotidienne, tandis que la magie est un moyen de manipuler l'énergie pour réaliser des résultats pratiques ou des transformations personnelles. Chacune de ces pratiques offre des possibilités uniques de croissance spirituelle et de découverte de soi. Elles peuvent être explorées et intégrées de manière complémentaire selon les besoins et les aspirations individuelles.

PETITE HISTOIRE DES RITUELS D'ABONDANCE

Dans notre quête de bien-être et d'épanouissement personnel, nous cherchons souvent des moyens de nous reconnecter à notre essence profonde et de trouver un équilibre intérieur. Les rituels, pratiques sacrées et intentionnelles, sont devenus de puissants outils pour nourrir notre âme et cultiver un sentiment de bien-être profond. Que ce soit à travers des rituels de méditation, de gratitude, de soin personnel ou de connexion spirituelle, les rituels sont une voie essentielle vers la paix intérieure et le bonheur durable. Découvrons pourquoi les rituels apportent du bien-être dans notre vie.

Depuis les temps les plus reculés, l'humanité a été animée par un besoin profond de donner un sens à son existence et de se connecter à des forces supérieures. À travers les âges, les premières civilisations ont développé des rituels sacrés qui ont façonné leur compréhension du monde et ont été des fondements pour les pratiques spirituelles ultérieures.

Embarquons pour un voyage fascinant dans l'histoire et explorons certains des premiers rituels répertoriés qui ont joué un rôle crucial dans le développement de la culture humaine.

Les rituels de sacrifice chez les Aztèques: dans l'ancienne civilisation aztèque, les rituels de sacrifice étaient couramment pratiqués. Ces rituels sanglants étaient considérés comme des offrandes aux dieux pour garantir leur bienveillance, maintenir l'ordre cosmique, l'abondance de nourriture et la bonne santé des personnes. Les cérémonies impliquaient des danses rituelles, des prières et des offrandes d'animaux ou même d'êtres humains.

Les rituels du feu dans les cultures anciennes: de nombreuses cultures anciennes ont accordé une importance centrale au feu et ont développé des rituels liés à cet élément. Les célébrations du solstice d'été, les rituels de purification et les offrandes au feu étaient pratiqués pour honorer les divinités, chasser les mauvais esprits et invoquer les bénédictions divines en vue de vivre une année ou période d'abondance.

Les rituels funéraires de l'Égypte ancienne: cette civilisation était imprégnée de rituels funéraires complexes et élaborés. Ces rituels visaient à préparer les défunts pour leur voyage vers l'au-delà et à assurer leur vie dans l'au-delà. Des processions solennelles, des rites de momification et des offrandes étaient effectués avec un profond respect pour les ancêtres et une croyance en la vie après la mort. Vous avez certainement déjà vu des informations liées à cette pratique et une chose saute aux yeux: l'opulence des objets déposés dans les espaces mortuaires de l'Égypte ancienne.

Les rituels de fécondité dans l'Antiquité: dans les premières sociétés agraires, les rituels de fécondité étaient au cœur des préoccupations. Des cérémonies spéciales étaient organisées pour honorer les dieux de la fertilité et assurer des récoltes abondantes. Des danses, des chants et des offrandes étaient effectués dans l'espoir de garantir la survie et la prospérité de la communauté.

Les rituels de guérison dans la médecine ayurvédique: la tradition ancienne de l'ayurvéda, en Inde, a développé des rituels de guérison holistiques. Les rituels impliquaient l'utilisation de plantes médicinales, de massages, de la méditation et de pratiques de respiration pour équilibrer les énergies vitales du corps et promouvoir la santé physique et mentale. Ces rituels ont jeté les bases de la médecine moderne et continuent d'influencer les approches thérapeutiques alternatives.

Vous constaterez que depuis aussi longtemps que l'histoire de l'humanité peut être documentée, la présence des rituels est très marquée, partout sur le globe.

Les rituels sont bien plus que de simples pratiques. Ils sont des portes d'accès au bien-être, à la paix intérieure et à l'épanouissement personnel. Les rituels nous aident à nous reconnecter à notre essence profonde, à nourrir notre âme et à trouver un équilibre dans notre vie quotidienne.

Les plantes liées à l'abondance

POURQUOI ÇA FONCTIONNE ?

L'utilisation des plantes dans les rituels d'abondance remonte à des temps anciens et repose sur plusieurs principes et croyances. Voici quelques raisons pour lesquelles elles sont utilisées dans ces pratiques.

* **Symbolisme :** les plantes sont souvent associées à des symboles d'abondance, de croissance et de prospérité. Leur présence dans les rituels renforce l'intention d'attirer ces énergies dans votre vie.

* **Énergies vibratoires :** les plantes ont leur propre énergie vibratoire. Elles sont vivantes et en interaction avec leur environnement. En utilisant des plantes spécifiques dans les rituels d'abondance, on part du principe que l'on peut s'aligner sur leurs énergies et les intégrer dans notre propre champ énergétique.

* **Purification et nettoyage :** certaines plantes ont des propriétés purificatrices et sont utilisées pour éliminer les énergies négatives ou bloquantes qui pourraient entraver l'abondance. Elles agissent comme des agents de nettoyage pour créer un espace propice à l'attraction de l'abondance.

* **Stimuler l'intention :** en travaillant avec les plantes, vous pouvez renforcer votre intention d'attirer l'abondance. Les plantes agissent comme des rappels constants de votre objectif et vous aident à rester concentré sur votre désir d'abondance.

* **Connexion avec la nature :** les rituels d'abondance utilisant des plantes favorisent la connexion avec la nature et rappellent notre interdépendance avec le monde naturel. Cela renforce notre gratitude envers la terre et ses dons, ce qui peut également favoriser l'abondance dans notre vie.

* **Stimuler les sens :** les plantes ont souvent des arômes agréables, des textures intéressantes et des couleurs vives. En travaillant avec elles, nous stimulons nos sens et nous créons un environnement propice à l'ouverture et à l'expansion de la conscience, ce qui facilite l'attraction de l'abondance.

11 PLANTES DE L'ABONDANCE

Il est important de souligner que l'utilisation des plantes dans les rituels d'abondance ne doit pas être considérée comme une solution miracle ou instantanée. Elles sont plutôt des outils qui renforcent notre intention et nous aident à nous aligner sur l'énergie de l'abondance. C'est notre propre état d'esprit, nos actions et nos choix qui jouent un rôle déterminant dans notre capacité à attirer l'abondance dans notre vie.

Voici une série de plantes qui sont souvent associées à l'abondance et utilisées dans des rituels ou des pratiques magiques pour attirer la prospérité.

1/ **Le basilic :** le basilic est considéré comme une plante porte-bonheur et est utilisé pour attirer la richesse et la prospérité dans la maison.

2/ **La menthe :** la menthe est connue pour ses propriétés purifiantes et rafraîchissantes. Elle est utilisée pour attirer l'abondance financière et chasser les énergies négatives.

3/ **Le romarin :** le romarin est souvent utilisé pour favoriser la prospérité, la réussite et la bonne santé. On dit qu'il aide à attirer les opportunités financières.

4/ **La cannelle :** la cannelle est une épice qui est souvent associée à l'abondance et à la prospérité. Elle est utilisée dans les rituels pour attirer l'argent et la chance.

5/ **La citronnelle :** la citronnelle est réputée pour sa capacité à repousser les énergies négatives et à attirer l'abondance. Elle est également utilisée pour purifier l'espace et favoriser la clarté mentale.

6/ **Le *Pachira aquatica*** (arbre à monnaie) : cette plante d'intérieur est souvent surnommée « l'arbre de l'abondance » en raison de ses feuilles en forme de pièces de monnaie. On dit qu'elle attire la prospérité et la richesse.

7/ **Le trèfle à quatre feuilles :** le trèfle à quatre feuilles est un symbole de chance et d'abondance. On dit que trouver un trèfle à quatre feuilles porte bonheur et attire la prospérité.

8/ **L'arbre de jade (*Crassula ovata*)** : la plante de jade est souvent associée à la prospérité et à la richesse. On dit qu'elle apporte chance et fortune à ceux qui la cultivent.

9/ **L'ormeau (*Alchemilla vulgaris*)** : l'ormeau est une plante traditionnellement utilisée pour attirer l'abondance et la chance. On dit qu'elle favorise la croissance et la prospérité.

10/ **L'aloe vera** : l'aloe vera est une plante reconnue pour ses propriétés apaisantes et curatives, mais elle est aussi associée à l'abondance et à la prospérité. On dit qu'elle attire l'argent et les bonnes vibrations.

11/ **Le ficus ginseng :** il est réputé en Asie pour son énergie de prospérité et de chance.

Ces plantes peuvent être utilisées dans des rituels, des amulettes, des bains rituels, des infusions ou simplement placées dans votre environnement pour attirer l'abondance et la prospérité dans votre vie. N'oubliez pas que la clé réside dans votre intention et votre connexion avec l'énergie de la plante.

EXEMPLES DE RITUELS

Voici quelques exemples de rituels d'abondance des temps anciens utilisant ces plantes :

1/ **Le rituel de la couronne de laurier :** dans la Grèce antique, on utilisait des couronnes de laurier fabriquées à partir des feuilles de cet arbre pour célébrer les victoires et attirer l'abondance. On portait ces couronnes sur la tête lors de cérémonies spéciales ou de festivités.

2/ **Le rituel du basilic :** en Inde, le basilic sacré, connu sous le nom de tulsi, est considéré comme une plante d'abondance et de protection. On trouve souvent des plants de basilic dans les cours et les maisons, et il est vénéré lors de rituels spéciaux pour attirer la prospérité et éloigner les énergies négatives.

3/ **Le rituel du trèfle à quatre feuilles :** dans de nombreuses cultures, trouver un trèfle à quatre feuilles est considéré comme un signe de chance et d'abondance. On dit qu'en le conservant près de soi, on attire la prospérité et les opportunités.

4/ **Le rituel de l'encens de cannelle :** l'encens de cannelle est utilisé dans de nombreux rituels pour attirer l'abondance financière et la chance. On brûle l'encens lors de méditations ou de prières spécifiques en se concentrant sur l'intention d'attirer la richesse et l'abondance.

5/ **Le rituel du romarin :** le romarin est une plante associée à la prospérité et à la réussite. Dans certains rituels, on peut brûler des branches de romarin ou utiliser des huiles essentielles de romarin pour purifier l'espace et attirer l'abondance.

6/ **Le rituel de la plantation de graines :** ce rituel consiste à planter des graines symbolisant l'abondance, dans un pot ou un jardin. Pendant le processus de plantation, on visualise l'abondance qui pousse et se développe dans sa vie, en accord avec ses intentions.

Ces rituels sont des exemples parmi tant d'autres qui utilisent les plantes d'abondance pour attirer la prospérité. Ils sont souvent pratiqués avec une intention claire et une conviction profonde en la puissance des plantes et des symboles. Il est important de noter que ces rituels peuvent varier selon les cultures et les traditions, mais ils partagent tous l'idée d'utiliser les plantes comme des alliées dans la quête de l'abondance.

Les cristaux liés à l'abondance

Le monde minéral m'inspire depuis ma plus tendre enfance et fait partie intégrante de mon quotidien, enrichissant mon expérience à chaque instant de cette vie. C'est donc tout naturellement que je souhaite vous emmener dans une exploration de certains cristaux liés à l'abondance, dans notre quête commune pour élever notre conscience à des sommets toujours plus élevés. La lithothérapie est une pratique qui se sert des cristaux et des pierres précieuses pour améliorer le bien-être en équilibrant les énergies du corps. On croit que ces pierres ont des propriétés énergétiques qui peuvent aider à apaiser l'esprit et à promouvoir la guérison. Pourquoi ? Parce qu'elles ont été forgées au sein des entrailles de la Terre pendant des millénaires et ont évolué en étant en contact avec des champs électromagnétiques puissants.

12 CRISTAUX POUR STIMULER L'ÉLÉVATION SPIRITUELLE

Je vous présente ici une liste de cristaux fréquemment utilisés pour stimuler notre élévation spirituelle. Chacun est accompagné d'une brève description de ses propriétés et des raisons pour lesquelles il peut nous être bénéfique.

1/ **L'améthyste :** connue comme la pierre de la spiritualité, l'améthyste favorise la méditation, l'intuition et la connexion spirituelle profonde. Elle aide à calmer l'esprit, à élever la conscience et à favoriser la clarté mentale.

2/ **Le quartz clair :** le quartz clair est un amplificateur énergétique puissant qui peut aider à accroître la conscience, à stimuler l'intuition et à favoriser la clarté mentale. Il est souvent utilisé pour renforcer les intentions positives.

3/ **La sélénite :** la sélénite est une pierre apaisante qui favorise la paix intérieure et l'harmonie. Elle est souvent utilisée pour purifier l'énergie, calmer l'esprit et faciliter la connexion avec les royaumes supérieurs de la conscience.

4/ **La labradorite :** la labradorite est connue pour ses propriétés de protection énergétique et d'expansion de la conscience. Elle aide à stimuler l'intuition, à accéder à des niveaux de conscience supérieurs et à équilibrer les énergies subtiles du corps.

5/ **Le lapis-lazuli :** cette pierre sacrée favorise la communication spirituelle, l'intuition et l'élévation de la conscience. Elle aide à stimuler l'ouverture d'esprit, à renforcer la connexion avec notre sagesse intérieure et à favoriser la clarté spirituelle.

6/ **Le cristal de roche :** le cristal de roche est un cristal polyvalent qui amplifie l'énergie et la conscience. Il peut être utilisé pour renforcer l'intention, équilibrer les chakras et favoriser la clarté mentale et spirituelle.

7/ **L'aventurine verte :** cette pierre de chance et d'abondance aide à ouvrir le cœur, à équilibrer les émotions et à favoriser l'expansion de la conscience. Elle est souvent utilisée pour attirer les opportunités et promouvoir la croissance personnelle.

8/ **La charoïte :** cette pierre rare favorise la transformation spirituelle et l'expansion de la conscience. Elle aide à éliminer les peurs et les blocages, à stimuler la vision intérieure et à ouvrir les portes de la spiritualité.

9/ **La sugilite :** cette pierre puissante pour l'élévation spirituelle favorise l'ouverture du 3e œil, l'intuition, la guérison énergétique et l'expansion de la conscience.

10/ **La pierre de lune :** cette pierre de croissance spirituelle et d'équilibre émotionnel aide à stimuler l'intuition, à favoriser la réceptivité spirituelle et à équilibrer les énergies féminines.

11/ **La pyrite :** souvent appelée « l'or des fous » en raison de sa ressemblance avec l'or, elle est associée à l'abondance, à la richesse et à la manifestation des objectifs financiers. La pyrite peut également aider à stimuler la confiance en soi et à attirer les opportunités d'affaires. Utilisez la pyrite pour renforcer votre pouvoir de manifestation et attirer l'abondance matérielle.

12/ **Le péridot :** j'affectionne particulièrement cette pierre, car elle agit de façon holistique sur les schémas qui bloquent l'abondance. Elle vous permet de vous libérer de toutes les énergies héritées du passé tout en permettant d'oublier la mélancolie liée à celui-ci. Elle apporte aussi bonne fortune et bonheur à la personne qui la porte ou l'utilise.

2 SUPER CRISTAUX : LA SÉRAPHINITE ET LE SPIRIT QUARTZ

Il y a une catégorie bien spécifique de cristaux qui sont performants lorsqu'il s'agit de remonter les niveaux de conscience et d'aller vers l'abondance.

La séraphinite

Cette pierre précieuse est souvent associée à l'élévation des niveaux de conscience en raison de ses propriétés uniques et de ses effets bénéfiques sur le plan spirituel. Voici quelques raisons pour lesquelles la séraphinite peut aider à remonter les niveaux de conscience.

1/ **Connexion avec les royaumes supérieurs :** la séraphinite est considérée comme une pierre de connexion avec les royaumes supérieurs de la conscience. Elle facilite l'accès à des états de conscience élevés, favorisant ainsi l'expansion spirituelle et la connexion avec des dimensions plus élevées de l'existence.

2/ **Éveil spirituel :** la séraphinite est connue pour son potentiel à stimuler l'éveil spirituel. Elle aide à élargir la perception, à dissoudre les blocages énergétiques et à ouvrir la voie à de nouvelles perspectives. Elle encourage également le développement de l'intuition et des capacités psychiques.

3/ **Purification énergétique :** c'est une pierre qui a des propriétés de purification énergétique. Elle aide à dissiper les énergies négatives et les blocages qui peuvent entraver la croissance spirituelle. Elle favorise ainsi la clarté mentale et le passage vers un autre palier énergétique.

4/ **Guérison émotionnelle :** la séraphinite est également connue pour ses capacités de guérison émotionnelle. Elle aide à libérer les émotions bloquées, à guérir les blessures émotionnelles et à favoriser l'amour de soi. En éliminant les schémas émotionnels limitants, elle permet d'atteindre des niveaux plus élevés de conscience et de s'épanouir sur le plan spirituel.

5/ **Équilibre énergétique :** la séraphinite est réputée pour équilibrer les énergies du corps et de l'esprit. Elle harmonise les centres énergétiques tels que les chakras, favorisant ainsi un flux équilibré de l'énergie vitale. Cela contribue à une plus grande stabilité émotionnelle et à une ouverture accrue à la guidance spirituelle.

Le spirit quartz

Le spirit quartz, également connu sous le nom d'améthyste cactus, est une variété d'améthyste qui se distingue par sa formation cristalline unique et ses multiples pointes qui se propagent à partir d'une base centrale. Cette pierre est réputée pour ses propriétés bénéfiques sur le plan spirituel et son potentiel à remonter les niveaux de conscience. Voici quelques raisons pour lesquelles le spirit quartz peut aider à élever les niveaux de conscience.

1/ **Amplification des énergies :** le spirit quartz agit comme un amplificateur énergétique puissant. Il intensifie les vibrations spirituelles et favorise la circulation harmonieuse de l'énergie à travers le corps et les chakras. Cette amplification des énergies peut aider à stimuler l'ouverture spirituelle et à élever la conscience vers des niveaux supérieurs.

2/ **Connexion spirituelle profonde :** le spirit quartz facilite la connexion avec le royaume spirituel. Il aide à établir une communication plus claire avec les guides spirituels, les anges et les êtres de lumière. En favorisant la connexion spirituelle profonde, il permet d'explorer de nouvelles dimensions de la conscience et d'accéder à une sagesse et à une guidance supérieure.

3/ **Purification et harmonisation énergétique :** le spirit quartz a des propriétés de purification énergétique qui aident à éliminer les blocages et les énergies négatives. Il équilibre les centres énergétiques et harmonise les corps subtils,

favorisant ainsi un flux d'énergie harmonieux et une clarté mentale accrue. Cette purification et cette harmonisation énergétique contribuent à l'élévation de la conscience.

4/ **Expansion de la conscience et de l'intuition :** le spirit quartz stimule l'expansion de la conscience et de l'intuition. En travaillant avec cette pierre, on peut développer une plus grande clarté mentale, une perception accrue et une ouverture à de nouvelles perspectives. Cela favorise une conscience plus élevée et une compréhension plus profonde des aspects spirituels de la vie.

5/ **Transformation et croissance spirituelle :** le spirit quartz est une pierre qui soutient la transformation et la croissance spirituelle. Il aide à dissoudre les schémas de pensée limitants, à guérir les blessures émotionnelles et à libérer les énergies stagnantes ce qui permet d'évoluer vers un état de conscience plus élevé et de s'épanouir sur le plan spirituel.

COMMENT ATTIRER L'ABONDANCE AVEC LES CRISTAUX ?

Quelle pierre choisir ?

Dans un premier temps, choisissez vos pierres auprès de lithothérapeutes qui ne pratiquent pas le commerce de masse. Vérifiez quelles sont les valeurs qu'ils portent et comment ils sourcent leurs cristaux.

Ensuite, choisissez la ou les pierres qui vous appellent le plus. Il n'est pas nécessaire de posséder d'emblée toutes les pierres de cette liste, mais bien de les choisir en conscience et selon le palier énergétique vers lequel vous cheminez.

Par exemple, si vous vous situez dans les paliers les plus bas, choisissez plutôt des pierres comme la labradorite et la sélénite, puis naviguez ensuite vers une améthyste. Ensuite, les pierres vous appelleront selon ce qu'elles vont pouvoir vous apporter.

La purification et la charge

N'oubliez pas de purifier vos cristaux lorsque vous en faites l'acquisition. L'encens d'oliban en fumigation est recommandé, car il purifie et rééquilibre les énergies. Chargez-les ensuite avec conscience par le biais de votre intention.

Par exemple, pour la labradorite : « *Chère labradorite, je suis ravie de pouvoir partager dès à présent des moments de vie avec toi. En ce moment, je me sens encore un peu perdu et vulnérable. Je ressens encore le besoin de bénéficier d'un bouclier énergétique tout autour de moi, le temps de cheminer vers les prochains niveaux de conscience et me sentir plus à même de me protéger. Acceptes-tu de me protéger pendant cette période ? J'accepte ta protection. Merci.* »

Pierres et intention

Il est important de noter que les pierres ne sont pas des solutions magiques en elles-mêmes, mais plutôt des outils qui peuvent vous aider à vous connecter à votre intention et à amplifier vos énergies positives. Utilisez-les avec une attitude ouverte, une intention claire et un travail continu pour créer l'abondance dans votre vie. À cet effet, j'apprécie particulièrement cette citation de l'astrologue Gary André au sujet des cristaux : « *La magie des cristaux est avant tout une question d'intention. Choisir les bons outils pour ce que vous essayez de cultiver dans votre propre vie revient à vous connecter à ce que vous voulez, à ce dont vous avez besoin pour vous-même, et à prendre les mesures nécessaires pour construire un pont afin que cette énergie vienne à vous.* »

Pour la sélénite, vous pouvez dire : « *Chère sélénite, quelle belle lumière tu dégages ! Une lumière d'harmonie et de paix. Depuis que j'ai commencé mon cheminement vers l'abondance, tout n'est pas apaisé dans mon esprit, car je passe par des expériences assez intenses. Je serais ravie que tu puisses m'éclairer de ta jolie lumière dans les mois et années à venir lorsque tout est trop intense, chaotique, et me baigner de ta jolie lumière pour éclairer mon chemin. Je suis prête à cheminer avec toi, merci.* »

Exemples d'utilisation

Vous pouvez utiliser les pierres de plusieurs façons, voici quelques suggestions.

Portez des pierres sous forme de bijoux : une façon courante d'utiliser les pierres pour attirer l'abondance est de les porter sous forme de bijoux. Vous pouvez choisir un bracelet, un collier ou des boucles d'oreilles contenant des pierres associées à l'abondance. Lorsque vous portez ces bijoux, soyez conscient de l'intention d'abondance que vous leur avez attribuée. Visualisez et ressentez l'énergie de l'abondance se répandre à travers les pierres et dans votre vie quotidienne.

Créez un autel d'abondance : vous pouvez créer un autel dédié à l'abondance en plaçant sur une petite table ou étagère des pierres associées à cette intention ainsi que d'autres objets symboliques tels que des pièces de monnaie, des symboles de richesse ou des images représentant vos aspirations d'abondance. Placez cet autel dans un endroit spécial de votre maison, qui vous permet de vous y connecter régulièrement. Utilisez-le comme un lieu dédié pour méditer, réciter des affirmations ou simplement renforcer votre intention d'abondance.

Utilisez les pierres dans des rituels ou des méditations : lorsque vous pratiquez des rituels ou des méditations axés sur l'abondance, tenez une pierre associée à cette intention dans vos mains ou placez-la devant vous. Vous pouvez visualiser l'énergie de l'abondance s'amplifier à travers la pierre et se manifester dans tous les aspects de votre vie. Utilisez cette pratique comme un moyen de vous connecter à l'énergie des pierres et de renforcer votre intention d'abondance.

Les rituels d'abondance

Les rituels d'abondance que vous découvrirez ci-dessous sont un complément des exercices de la *roadmap* que vous avez déjà pu pratiquer. Ils vous offrent une autre perspective pour vous aider à franchir les paliers énergétiques.

Il faut voir les rituels suivants comme « la cerise sur le gâteau » que vous allez déguster après avoir plongé dans les profondeurs de votre être et de tout ce qui vous empêche ou empêchait de cheminer vers l'abondance.

Aussi, soyez conscient que ces rituels ne suffisent pas à eux seuls pour remonter l'échelle des niveaux de conscience. Voyez-les comme un support en plus.

Voyez également le premier rituel de la douche qui libère comme point de départ (voir p. 128), car il est primordial de libérer de l'espace avant de pouvoir le remplir de choses davantage en accord avec nos besoins et nos désirs les plus profonds.

Ces rituels ont été créés afin que toute personne, qu'elle soit débutante ou confirmée, puisse les pratiquer facilement. Vous pourrez créer par la suite vos propres rituels, au fur et à mesure de votre cheminement.

MODE D'EMPLOI À L'USAGE DES DÉBUTANTS

Pour les personnes qui débutent, je vous propose un petit récapitulatif rapide qui vous permettra de faire vos premiers pas de façon plus sereine et efficace.

Tout d'abord, sachez que lorsqu'on pratique la magie, le moment choisi pour effectuer un rituel est important.

Aussi, choisissez un moment approprié du mois et de la semaine pour mettre en œuvre votre rituel magique d'attraction. Les sorts visant à augmenter ce que vous souhaitez faire croître (argent, amour, opportunités) doivent être menés entre la nouvelle et la pleine lune, pendant la phase croissante (lorsque la lune grandit). Si vous pouvez choisir la date précise de la nouvelle lune, c'est encore mieux. Les nouvelles lunes sont avant tout une question d'activation énergétique, de premiers pas, de construction des fondations.

Chaque jour de la semaine est également aligné sur une planète particulière. Vous pouvez donc faire correspondre votre intention à cette influence planétaire pour une dose supplémentaire d'ondes puissantes.

* **le lundi** est gouverné par la Lune et est associé à la perspicacité, à l'intuition et aux capacités psychiques ;

* **le mardi** est gouverné par Mars, la planète de l'action et du dynamisme. C'est donc un excellent jour pour définir des intentions liées à l'ambition, au progrès ou à la résolution de conflits ;

* **le mercredi** est gouverné par Mercure et convient parfaitement aux voyages, aux affaires, à la présentation d'idées, à l'envoi de candidatures ou à la recherche de nouvelles opportunités ;

* **le jeudi** est gouverné par Jupiter, la planète de la chance et de l'expansion. C'est donc un jour pour attirer la chance et l'abondance ;

* **le vendredi** est gouverné par Vénus et est parfait pour tout ce qui concerne l'amour et l'argent ;

* **le samedi** est gouverné par Saturne, planète de structure, ce qui en fait une autre bonne journée pour la carrière ;

* **le dimanche** est gouverné par le Soleil. Il est propice pour définir toutes les intentions globales liées à votre objectif de vie ou à votre objectif ultime à long terme.

Maintenant que vous avez pu découvrir les informations de base, je vous propose une série de rituels magiques qui vous soutiendront tout au long de votre parcours vers l'abondance, telle que vous la définissez.

La douche qui libère

Avant de commencer à aborder quelque chose, il est essentiel de se délester de tout ce qui ne nous sert plus et ne sert pas ou plus notre objectif, l'abondance dans le cadre de ce livre.

L'eau a le pouvoir énergétique de balayer tout ce qui n'est plus nécessaire à notre vie; elle a le pouvoir de nettoyer et libérer. Aussi, considérez chaque douche comme un moment propice à la libération de tout ce qui ne vous sert pas.

Chaque fois que vous prendrez votre douche après une journée où vous aurez remarqué que les énergies en vous et autour de vous ne servaient pas votre objectif, pratiquez ce rituel de libération énergétique.

1/ Prenez votre lavant habituel et savonnez-vous le corps. N'oubliez pas les cheveux.

2/ Prononcez les mots suivants à voix haute: « *Je me lave de toutes les énergies qui ne sont pas justes pour moi. Je me lave de toutes les énergies en moi et autour de moi qui sont autres que celles de l'amour inconditionnel et de la paix.* »

3/ Rincez-vous de la tête aux pieds en prononçant ces paroles à voix haute et en imaginant les énergies traverser votre corps, cœur et esprit et passer dans l'eau qui coule: « *Je me libère de toutes les énergies qui ne sont pas justes pour moi. Je me libère de toutes les énergies qui bloquent mes énergies d'abondance et d'amour. Je libère toutes les énergies vers la Source et dans la lumière.*

Qu'il en soit ainsi. Merci. »

Libération énergétique du lieu de vie

Il est important de ne pas négliger les schémas énergétiques dans lesquels nous évoluons. Le lieu de vie fait partie de notre cheminement et afin qu'il corresponde à notre nouveau départ, il est important de ne pas le négliger.

Le libérer de tout ce qui n'est pas/plus utile est un premier pas avant de cheminer. En effet, les énergies s'ancrent dans les murs et les sols, surtout les énergies très intenses liées aux blessures et aux traumas profonds.

Il existe plusieurs façons de procéder :

1/ Libérer les énergies et rééquilibrer l'espace grâce aux fréquences musicales (voir p. 98).

2/ Libérer les énergies par le biais de l'intention avec une prière non religieuse. Par exemple :

« *Source de l'amour et de la lumière, accepte cette humble prière comme offrande pour libérer mon lieu de vie. Ta présence et ta lumière sont les bienvenues dans cet espace et sont honorées par ma personne et toutes les personnes et animaux qui y vivent.*

Source, je te demande de protéger mon lieu de vie de toutes les énergies qui ne travaillent pas en faveur de l'amour inconditionnel, de la lumière et de la paix.

Je te demande de libérer ce lieu de vie des énergies néfastes et qui bloquent notre cheminement. Illumine de ta bonté et de ton amour ce lieu pour l'éternité. Qu'il en soit ainsi. Merci. »

3/ Libérer les énergies en faisant brûler de l'encens d'oliban qui purifie et rééquilibre.

4/ Libérer les énergies par le biais de l'appel à un passeur d'âme ou géobiologue.

Libération des blessures du passé

Lorsque vous avez pratiqué les exercices de la *roadmap*, vous avez certainement pris conscience de beaucoup de choses : personnes qui vous ont blessées, situations que vous avez vécues et qui ont apporté leur lot de peurs, de douleur...

Je vous propose de vous libérer énergétiquement de ces énergies qui vous bloquent encore aujourd'hui par le biais de l'écriture via des lettres de pardon. Le pardon est une façon de se libérer sans pour autant accepter ce qui a été vécu et qui peut encore vous sembler injuste. Vous pourrez pratiquer ce rituel pour toutes les personnes qui vont ont blessé.

Vous aurez besoin de feuilles de papier et d'un stylo.

1/ Choisissez un moment où vous ne serez pas dérangé et installez-vous au calme.

2/ Faites brûler une bougie blanche et servez-vous une tisane à la camomille ou à la rose.

3/ Pratiquez quelques inspirations et expirations pour apaiser les pensées parasites et ouvrir le champ des possibles.

4/ Portez votre attention sur une personne spécifique et ce qu'elle a généré chez vous de douloureux. Cela vous semblera inconfortable, peut-être douloureux. C'est normal. Si des larmes viennent, laissez-les couler avec amour.

5/ Dites-vous que la personne a sans doute agi à partir d'une blessure émotionnelle puissante qu'elle n'a pas été capable d'écouter et d'apaiser, même si cela reste injuste de l'avoir projetée sur vous. Ici, le but est de vous libérer de cette douleur. Pour ce faire, écrivez :

« *Cher/Chère...* [prénom et nom de la personne],
Je t'écris cette lettre pour te pardonner de tout ce que tu as généré chez moi comme douleur au cours des... [durée] *dernières années.*
J'espère que lorsque tu as agi, tu ne le faisais pas de façon consciente et dans le but de me faire souffrir. J'espère que cela partait d'une blessure profonde en toi.
Lorsque tu as fait... cela a provoqué chez moi... parce que... [complétez avec tout ce qui vous vient à l'esprit].
Mais aujourd'hui, je désire me libérer de toutes les énergies néfastes qui sont encore présentes en moi consécutivement à ces agissements que je n'ai pas pu écouter et libérer avant pour plein de raisons qui me sont personnelles.
Je désire pour ma vie des énergies d'amour, d'apaisement, de paix, de joie, de bonheur et d'abondance.
Alors aujourd'hui et de façon consciente, je te pardonne.
Je te pardonne de tout ce qui m'a blessé et qui me blesse encore.
Je te pardonne de ne pas avoir été la personne qui m'était nécessaire au moment voulu.
Je me libère de l'emprise résiduelle que tu as encore sur moi.
Je me libère dans l'amour et dans la lumière et je te libère dans l'amour et la lumière pour que tu puisses toi aussi avancer.
Qu'il en soit ainsi, merci. »

6/ Lorsque vous avez terminé d'écrire votre lettre de pardon, vous pouvez la poster réellement à la personne, la poster sans adresse ou la brûler.

7/ Vous pouvez fêter cette libération avec un rituel d'amour de soi, une danse ou un chant.

L'autel d'abondance

Si vous avez sélectionné des cristaux (voir p. 120) et souhaitez créer un espace pour consacrer un peu de temps chaque jour à la pratique de la manifestation, il est peut-être temps de construire un autel.

Vous pouvez commencer par votre table de nuit, votre étagère ou un rebord de fenêtre. Considérez cet endroit comme votre espace de pratique pour le rituel de manifestation des bénédictions de l'univers, que ce soit pour l'amour ou la prospérité.

1/ Commencez par matérialiser les quatre éléments sur votre autel : le Feu, l'Eau, la Terre et l'Air.

Le Feu : représentez-le par des bougies. Je vous suggère d'utiliser des bougies roses et rouges, symbolisant la passion, la compassion et la confiance en soi — un bon point de départ pour manifester l'amour avec votre autel. Comme pour toute pratique magique, agissez avec intention lorsque vous choisissez des bougies et cultivez vos désirs avec des affirmations. Ainsi, vous pouvez écrire votre nom ainsi que ce que vous souhaitez manifester verticalement sur la bougie. Cela permettra de faire descendre l'énergie de l'univers vers vous.

L'Air : il peut être incorporé dans votre autel en utilisant de l'encens. Je vous suggère des parfums comme le patchouli, l'encens ou la myrrhe.

L'Eau : sur votre autel, elle sert à communiquer avec votre « moi profond » et une connexion plus facile avec le divin. Vous pouvez utiliser de l'eau de lune ou une eau que vous avez consacrée.

La Terre : vous pourrez représenter cet élément par des cristaux (voir p. 120), mais aussi des herbes comme la lavande, la cannelle ou le romarin, ou encore de la terre de votre jardin.

2/ Vous pouvez également placer sur votre autel votre carnet d'introspection (p. 44) ouvert à la première page ou votre liste d'idéaux pour vous construire un futur d'abondance conforme à votre vision. Ces listes ne sont pas figées dans le temps et peuvent être modifiées autant de fois que vous en ressentirez le besoin. L'univers est fait de va-et-vient énergétiques, et au fur et à mesure que vous avancerez dans votre cheminement vers l'abondance, vos souhaits évolueront.

La liste de souhaits vous donne l'occasion de vous entraîner à demander ce que vous voulez et à affirmer vos besoins. Déposez-la sur votre autel, placez votre bougie en haut de la page et permettez simplement à l'univers de recevoir cette information. Ensuite, recevez cette énergie de l'univers et commencez à remarquer les évolutions : vous rencontrez des personnes qui possèdent certaines des qualités décrites dans vos listes, vous recevez dans votre vie des cadeaux que vous aviez envie de recevoir, vous vivez des choses et situations que vous aviez listées... Utilisez ces synchronicités comme un baromètre de la manifestation de l'abondance dans votre vie et notez-les précieusement pour mesurer votre évolution.

Eau de lune

Une eau de lune est une eau chargée d'énergie en la plaçant sous la lumière de la Lune, souvent utilisée dans les rituels pour sa symbolique spirituelle et pour ses propriétés énergétiques. Une eau consacrée est de l'eau chargée d'énergie positive à travers des prières ou des rituels religieux. Elle est souvent utilisée dans les cérémonies et les pratiques spirituelles pour purifier, protéger ou bénir un espace, un objet ou une personne, et pour établir une connexion avec le divin. Voici un exemple simple pour consacrer de l'eau pour un rituel.

Commencez par prendre un récipient d'eau pure et propre. Tenez le récipient d'eau entre vos mains et concentrez-vous sur votre intention spécifique. Récitez une prière ou une incantation qui exprime votre désir d'infuser l'eau avec les énergies désirées. Vous pourriez dire quelque chose comme : « Que cette eau soit chargée de la pureté et de la lumière divine pour purifier et protéger tous ceux qui l'utiliseront. » Visualisez la lumière et l'énergie entrer dans l'eau, la remplissant de la qualité que vous désirez y insuffler. Vous pouvez utiliser cette eau consacrée dans votre pratique magique.

Huile d'amour de soi

Lorsqu'on commence la grande aventure de l'abondance et que l'on navigue dans des niveaux inférieurs où les blessures sont encore vives, il est essentiel de prendre soin de soi.

Il est de notre responsabilité de nous nourrir d'amour pour avancer, surtout si nous cheminons encore seuls et dans la peur de montrer au monde que l'on a besoin d'aide.

Nourrir la peau, notre plus grand organe, nous permet symboliquement de nous protéger de tout ce qui nous entoure et nous blesse encore. Nous créons ainsi une bulle de protection autour de nous alors que nous nous sentons vulnérables. Le massage permet aussi des gestes de tendresse, d'affection et d'amour pour soi.

Voici une recette d'huile pour vous choyer à faire chez vous, de préférence à la pleine lune.

Matériel et ingrédients :

- 1 flacon ambré de 200 ml
- 50 ml d'huile végétale de jojoba
- 50 ml d'huile végétale de prune
- 7 boutons de rose séchés
- Un peu de fleur de calendula séchée
- 7 feuilles de menthe séchées

1/ Placez les éléments botaniques au fond du flacon.

2/ Versez ensuite les huiles en récitant ces mots :

« *Je prépare cette huile d'amour de soi*
Pour prendre soin de moi
Je prépare cette huile d'amour de soi
Pour me nourrir d'amour
Que cette huile nourrisse ma peau, mon cœur, et fasse briller mon âme.
Qu'il en soit ainsi. Merci. »

3/ Fermez le flacon et laissez-le infuser sous les rayons lunaires un soir de pleine lune.

4/ Chaque soir, après votre douche/bain, enduisez votre corps encore humide de cette huile en effectuant des gestes lents et doux. Imaginez simultanément une énergie d'amour vous envelopper.

Pochon d'abondance

Ce pochon a pour objectif de vous accompagner dans votre quête d'abondance.

Facile à réaliser et à transporter, il sera un fidèle compagnon d'aventure. Vous pourrez l'emporter partout avec vous et surtout lors des rendez-vous importants en lui mentionnant que le moment est important pour vous.

Matériel et ingrédients :

- 1 petit pochon en coton, lin ou chanvre bien opaque et muni d'un élastique de fermeture
- 3 feuilles de menthe
- 3 feuilles de basilic
- 1 petit bâton de cannelle
- 1 petite pierre de péridot
- 1 pièce de monnaie de votre choix
- 1 petit morceau de papier

1/ Écrivez sur le petit papier et de façon consciente : « *Je suis fait pour vivre de façon apaisée, je suis fait pour une vie d'abondance et de prospérité. Je suis prêt à l'incarner.* »

2/ Posez les feuilles de menthe au fond du pochon.

3/ Posez le bâton de cannelle coupé en trois.

4/ Posez le papier.

5/ Posez le péridot.

6/ Posez le basilic.

7/ Terminez par la pièce de monnaie.

8/ Fermez le sachet en répétant : « *Je suis prêt, qu'il en soit ainsi. Merci.* »

Offrande de prospérité

La cannelle est réputée pour son pouvoir magique relié à l'abondance et à la prospérité (voir p. 117).

Ce rituel d'offrande est à réaliser le jeudi, jour de semaine lié à Jupiter, planète de la joie et de l'expansion.

Matériel et ingrédients :
- 1 mortier (en céramique ou pierre de préférence)
- 1 encensoir ou, à défaut, un bol en céramique
- 1 galet de charbon à encensoir ou, à défaut, un peu de sable, sel ou terre
- 1 boîte d'allumettes ou 1 briquet
- 1 bougie verte
- 1 bâton de cannelle
- Quelques grains d'encens d'oliban
- Quelques fleurs jaunes

1/ Allumez votre bougie.

2/ Dans le mortier, réduisez en poudre le bâton de cannelle.

3/ Sur le charbon à encensoir, placez un peu de poudre de cannelle et quelques grains d'encens oliban ainsi que les fleurs jaunes. Placez cette poudre sur un petit tas de sable, sel ou terre dans un bol en céramique si vous n'avez pas de galet de charbon à brûler.

4/ Mettez-y le feu en répétant ces quelques mots :

« À toi la source de lumière et de joie,
J'offre cette épice précieuse et cet encens merveilleux,
Je te remercie pour toutes les choses apaisées et sublimes que tu poseras sur ma route.
Je suis prêt à avancer avec amour et sagesse.
Puisse cette fumée m'épauler dans ma quête de prospérité en remontant chaque palier.
Qu'il en soit ainsi et merci. »

Tisane de joie

Cette tisane a pour but de faire couler en vous une énergie de joie et d'abondance.

Par le pouvoir énergétique des plantes qui s'y mêlent, l'eau chaude qui les infuse les transportera au plus profond de votre être si vous la buvez avec respect et conscience.

Matériel et ingrédients :

- De quoi chauffer de l'eau
- 1 tasse en céramique
- 1 cuillère en bois
- 1 infuseur ou boule à thé
- De l'eau de source
- 3 feuilles de basilic frais
- 3 feuilles de menthe fraîche
- Du thé blanc en pochon ou vrac, bio de préférence
- Un peu de sucre de fleur de coco

1/ Faites chauffer l'eau jusqu'à ébullition puis remplissez-en la tasse.

2/ Placez vos ingrédients sauf le sucre dans l'infuseur puis dans votre tasse. Laissez infuser la tisane 3 minutes.

3/ Prononcez ces mots durant une minute tout en mélangeant la tisane dans le sens des aiguilles d'une montre :

« Par la bonté des plantes que j'ai choisies pour m'accompagner,
Par le pouvoir qui leur est conféré,
Par mon amour de la vie et le désir pur d'avancer,
Je prépare cette tisane de joie et de bonté
Qui coulera en moi et m'aidera à avancer.
Lumière pure de la Source, je suis prêt à cheminer.
Baigne-moi de ta sagesse, qu'il en soit ainsi. Merci. »

4/ Ajoutez le sucre, puis buvez cette tisane en conscience, en visualisant une belle lumière vous envelopper et vous porter vers la joie et la prospérité, inonder chaque cellule de votre corps.

Consécration de l'amour universel

Lorsqu'on est en quête de l'abondance et que l'on remonte peu à peu les divers paliers énergétiques, on prend souvent conscience que la vision que nous avions au départ de celle-ci se transforme petit à petit.

Là où l'on pensait désirer une multitude de choses pour soi, on navigue ensuite vers un désir d'apaisement, de calme, de paix. Et les besoins matériels se font de moins en moins pressants.

On prend conscience que ce que l'on désire plus que tout est un monde apaisé et en paix. Je vous propose un rituel de consécration de l'amour universel, à réaliser de préférence lors de la pleine lune.

Matériel et ingrédients :

- Des pétales de rose
- 1 bougie blanche
- 1 porte-bougie
- 1 boîte d'allumettes ou 1 briquet

1/ Placez votre bougie au centre de votre espace sacré.

2/ Déposez quelques pétales de rose à son pied.

3/ Respirez profondément afin de faire taire les pensées parasites et d'ouvrir l'espace sacré dans votre esprit.

4/ Allumez la bougie en prononçant les mots suivants :

« J'allume cette bougie et j'invoque l'amour inconditionnel.
J'allume cette bougie et j'invoque la paix.
J'allume cette bougie et j'invoque l'apaisement de ce monde.
J'allume cette bougie et j'invoque la fin de la peur et de la haine sur Terre.
Par le feu, je libère vers la lumière la peur, la haine et les blessures de ce monde.
Source, toi qui aimes sans condition, illumine-les de ta bonté et de ta lumière.
Qu'il en soit ainsi. Merci. »

5/ Méditez un moment pendant que votre bougie se consume. Imaginez toutes les peurs, les doutes, la haine et les blessures du monde se transformer peu à peu en lumière et rejoindre la belle et merveilleuse lumière de l'amour inconditionnel de la Source.

6/ Laissez la bougie se consumer jusqu'à extinction naturelle. Ensuite, récupérez ce qu'il en reste et enterrez-le avec amour.

Ma clé de l'abondance

La clé représente l'ouverture des portes et l'accès à ce que l'on désire.

1/ Lors de la nouvelle lune, placez-vous devant votre porte d'entrée fermée à clé.

2/ Placez la clé de votre lieu de vie dans votre main gauche en ayant préalablement pris soin d'y déposer un peu de cannelle en poudre.

3/ Posez votre main droite sur votre main gauche en formulant à voix haute votre intention:

« *Je consacre cette clé et lui confère le pouvoir d'attirer l'abondance dès que je l'utiliserai.*
Qu'à chaque tour de clé pour ouvrir une porte, l'abondance vienne à moi;
Que lorsque j'entre dans mon lieu de vie, l'abondance règne avec justesse;
Que lorsque je sors de mon lieu de vie, l'abondance règne avec justesse.
Je suis prête à la recevoir, qu'il en soit ainsi et merci. »

4/ Dès que vous tournerez votre clé consacrée dans votre serrure, c'est-à-dire à chaque utilisation, posez cette même intention.

Magie des feuilles de laurier

Le laurier est connu comme étant un activateur de chance, d'abondance, de prospérité, mais également de protection et de clarté psychique (voir p. 119).

Les feuilles de laurier peuvent être utilisées pour favoriser l'attraction de l'abondance dans votre vie par le biais du rituel magique suivant.

Matériel et ingrédients :

- 3 grandes feuilles de laurier
- 1 petit bol en céramique ou 1 petit chaudron magique
- 1 boîte d'allumettes ou un briquet
- 1 stylo à pointe souple ou 1 petit marqueur

1/ Écrivez un vœu sur chaque feuille de laurier en y posant votre intention de façon juste.

2/ Placez les feuilles dans votre petit bol ou chaudron.

3/ Mettez-y le feu en prononçant à haute voix : « *Par le pouvoir du feu, j'attire avec amour et justesse vers moi le résultat de chacun de ces vœux. Qu'il en soit ainsi, merci.* »

Mon bol d'abondance financière

Lorsqu'on parle d'abondance, cela ne se limite pas à la sphère financière, mais celle-ci en fait partie. Les finances ne sont pas immuables, tout comme toute énergie dans l'univers.

Et cela n'est pas toujours facile à intégrer et à gérer lorsqu'on se situe dans les niveaux de conscience inférieur au niveau 7. Mais commencer par pratiquer la magie de l'abondance par le biais d'un bol d'abondance est une façon de faire bouger les blocages liés aux finances. Ce bol ne sert pas à attirer l'argent uniquement, mais à avoir des finances qui évoluent positivement. Il est recommandé de préparer son bol d'abondance à la nouvelle lune et de le laisser faire son travail jusqu'à la lune noire (qui est la nuit qui précède la nouvelle lune).

Matériel et ingrédients :

- 1 gros bol en céramique
- 1 bougie verte
- 1 support à bougie ou une autre bougie
- 3 bâtons de cannelle
- 4 feuilles de laurier
- 1 carré de papier sur lequel écrire
- Quelques pièces de monnaie
- 1 couteau à pointe très fine ou de quoi graver la bougie

1/ Nettoyez votre bol sous l'eau en le libérant des énergies qu'il porte par le pouvoir de l'intention.

2/ Gravez la bougie verte avec le signe de votre monnaie (€, par exemple) tout en imaginant l'argent venir vers vous.

3/ Faites-la tenir dans le fond du bol avec un petit support ou avec un peu de cire venant d'une autre bougie.

4/ Placez quelques pièces de monnaie au fond du bol autour de la bougie.

5/ Disposez ensuite tout autour les feuilles de laurier puis les bâtons de cannelle.

6/ Écrivez un vœu sur un bord de la feuille. Tournez ensuite la feuille dans le sens des aiguilles d'une montre et écrivez un autre vœu. Procédez à l'identique deux fois, jusqu'à ce que les quatre bords soient remplis.

7/ Pliez la feuille toujours vers vous quatre fois.

8/ Posez le papier plié dans le bol.

9/ Allumez la bougie en prononçant ces mots : « *Par ce bol d'abondance, j'attire vers moi les finances qui me permettent de…* [énoncez ici une intention claire et précise]. *Par ce bol, j'attire les mouvements qui permettent à mes finances de se débloquer et évoluer en ma faveur. Par ce bol, j'attire vers moi une relation saine à l'argent.* »

10/ Laissez la bougie se consumer entièrement.

11/ Pendant tout le cycle lunaire, passez auprès de votre bol et venez y ajouter quelques pièces ou un billet de temps en temps, de préférence le jeudi, jour de l'argent. Retirez également une ou deux pièces de temps à autre. En effet, on n'évolue financièrement que lorsque l'énergie est fluide dans les deux sens, investir pour recevoir.

12/ À la lune noire suivant la préparation du bol d'abondance, récupérez le contenu du bol et remerciez la vie pour toute l'abondance financière que vous avez reçue pendant la période. Recommencez un nouveau cycle à la nouvelle lune si votre préoccupation reste identique.

Mon arc-en-ciel magique

Vous connaissez certainement la légende selon laquelle le deuxième bout d'un arc-en-ciel mène vers un chaudron rempli d'argent?

Mais il en existe une autre: dans la mythologie grecque, l'arc-en-ciel est incarné par la déesse Iris qui est une messagère entre le ciel et la Terre. L'idée véhiculée par cette légende est que les dieux qui vivent dans les cieux veulent communiquer avec les hommes qui sont sur Terre en leur mentionnant que chaque couleur est importante et que même si elles peuvent être perçues comme uniques et importantes en étant séparées, elles peuvent également co-exister et même se mélanger pour créer une multitude d'autres couleurs merveilleuses. Je vous propose d'en faire un rituel magique qui vous guidera vers l'abondance.

Matériel et ingrédients:

- 1 feuille A4 d'un grammage épais (issue d'un carnet de dessin, par exemple)
- Des crayons de couleur, feutres, aquarelles ou de la peinture acrylique, selon votre préférence
- 1 stylo de couleur verte

1/ Dessinez un arc-en-ciel qui incarne votre vision de l'abondance. Il n'est pas nécessaire qu'il soit en tout point identique à un arc-en-ciel traditionnel. Il doit juste avoir deux côtés où se poser, un point de départ et une fin.

2/ Lorsque vous avez terminé de le coucher sur papier, regardez le côté gauche comme le point de départ et le côté droit comme objectif.

3/ Sur le côté gauche, inscrivez: « *Je suis en chemin vers une vie remplie d'abondance et de lumière.* »

4/ Sur chaque tranche de couleur, écrivez une intention d'abondance en visualisant le résultat de cette intention de façon consciente.

5/ Lorsque vous avez procédé ainsi pour chaque couleur, écrivez sur le côté droit de l'arc-en-ciel: « *Je suis prêt à recevoir les fruits d'une abondance juste et bienveillante.* »

6/ Méditez quelques instants sur cette énergie.

7/ Placez votre feuille sur votre espace sacré et revenez méditer sur son énergie pendant 28 jours. À la fin du cycle, il est recommandé de libérer en brûlant la feuille.

La poudre à souhait

La poudre à souhait fait partie de la pratique vaudoue, mais elle a largement été utilisée par des pratiquants de la magie blanche.

Il s'agit d'un rituel à réaliser à la nouvelle lune ou à la pleine lune.

Matériel et ingrédients :

- 1 mortier en pierre avec son pilon
- 1 flacon en verre
- 1 étiquette
- 3 coquilles d'œufs
- 1 clou de girofle
- 1 brin de romarin séché
- 1 cuillerée à soupe de sucre fin
- 1 cuillerée à soupe de sel fin
- 1 cuillerée à soupe de poivre noir en grains

1/ Mettez tous les ingrédients dans le mortier en pierre et réduisez-les en une poudre la plus fine possible. Écrasez toujours dans le sens des aiguilles d'une montre.

2/ Récitez les mots suivants lors de la préparation : « *Par ces gestes, je prépare ma poudre à souhait. Je la charge de bonté, d'abondance et de lumière. Ainsi soit-il. Merci.* »

3/ Lorsque la poudre à souhait est prête, placez-la dans un joli flacon en verre et étiquetez-la.

4/ Pour l'utiliser, sortez, placez un peu de poudre dans le creux de votre main et soufflez dessus en pensant au souhait à réaliser. À la prochaine pleine lune ou nouvelle lune, selon le moment où vous avez effectué ce rituel, votre souhait se réalisera.

L'arbre d'abondance

Les arbres sont des êtres merveilleux qui nous permettent de nous ancrer dans le moment présent et nous aident dans notre progression des paliers énergétiques.

Dans d'anciennes traditions celtiques, il existait des arbres d'abondance. Il s'agissait d'arbres anciens vénérés pour leur sagesse et leur force.

1/ Chez vous, sur votre terrain, ou lors d'une balade dans la nature, choisissez un arbre qui vous inspire.

2/ Demandez-lui de vous aider à acquérir la sagesse qui vous guidera vers les prochains paliers énergétiques et remerciez-le.

3/ Dès que vous en ressentez le besoin, rendez visite à votre arbre avec une offrande : feuille de laurier, pièce de monnaie, cannelle ou encore tissu de couleur verte, blanche ou jaune.

4/ Demandez-lui la permission de le serrer dans vos bras en vous débarrassant de vos chaussures et embrassez sa belle énergie. Pendant cette étreinte, ressentez les pensées parasites s'éloigner pour disparaître et connectez-vous à l'énergie de votre arbre. Ressentez la rugosité de son tronc et les flux d'énergie qui le traversent. Imaginez que son réseau de racines se connecte à tous les autres arbres de la planète comme des milliers de cœurs qui battent à l'unisson.

5/ Imaginez ensuite ce cœur qui bat vous emplir d'amour, de gratitude et imaginez le flux énergétique lumineux remonter de vos pieds jusqu'à votre tête pour ensuite ne faire qu'un avec ce réseau.

6/ Prolongez cette étreinte le temps nécessaire pour vivre pleinement ce processus. Puis mettez fin à l'étreinte en remerciant l'arbre dans votre cœur et votre esprit.

7/ N'oubliez pas de laisser votre offrande à ses pieds, sur la terre, car l'offrande doit circuler. Pour le repérer la prochaine fois, accrochez un tissu à son tronc mais veillez à ne pas le serrer trop fort.

Mon tirage de l'abondance

Comme je l'ai mentionné précédemment (voir p. 106), le tarot peut être un très chouette outil pour pratiquer l'abondance et faire monter à la conscience des éléments qui restent occultés.

Si vous avez l'impression de stagner dans votre cheminement vers l'abondance, je vous propose de réaliser un tirage à cinq cartes qui vous permettra de recommencer à avancer.

Matériel:
- De l'encens
- Le jeu de tarot qui vous appelle sur le moment
- 1 carnet pour y noter tout ce qui émergera de ce tirage

1/ Purifiez votre jeu de cartes et l'espace où vous allez effectuer le tirage.

2/ Prenez quelques instants pour vous installer confortablement.

3/ Buvez un grand verre d'eau pour faire circuler les énergies en vous.

4/ Pratiquez quelques inspirations et expirations pour faire taire les pensées parasites et ouvrir le champ énergétique.

5/ Posez une intention et une question précises et courtes dès le départ sur votre carnet et prononcez ces mots à haute voix: « *Par le pouvoir des cartes de tarot, fais tomber cinq cartes et fais remonter à ma conscience tout ce qui doit être délivré de l'ombre pour…* [formulez ici l'intention et la question]. »

6/ Mélangez votre jeu de tarot et laissez venir cinq cartes à vous.

7/ Positionnez-les dans l'ordre de réception et retournez-les. Si elles sont à l'envers, laissez-les dans ce sens.

Chacune des cinq cartes a une mission que je vous détaille ci-dessous:

* **La première carte est votre alliée inconditionnelle.** Elle vous fera prendre conscience de tout ce qui est possible pour vous faire avancer et comment les challenges que vous pensez être des blocages sont des messages auxquels prêter une attention particulière en ce moment précis.

* **La deuxième carte est celle du passé et des blocages émotionnels.** Elle mettra en évidence certaines choses. Vous devrez vous poser ces questions : « *Est-ce que j'ai réellement appris des expériences du passé ou dois-je encore m'y pencher, car je ne les ai pas encore totalement intégrées ? Est-ce que je suis totalement engagé dans ce cheminement vers l'abondance ou ai-je encore des choses à régler avant de pouvoir continuer à avancer ?* »

* **La troisième carte est celle du moment présent.** Elle vous indiquera quel challenge se présente à vous en ce moment et vous poussera à le questionner : « *Pourquoi est-ce que je n'y prête pas l'attention nécessaire pour plein de raisons qui m'appartiennent ?* »

* **La quatrième carte est celle de la guérison et de l'intégration des leçons.** Elle vous indique comment apaiser la blessure qui est douloureuse et qui continue à surgir en vous.

* **La cinquième carte est celle du changement.** Elle met en lumière de façon plus intense quelques éléments liés à la carte n° 2. Elle vous indique de quelle façon il peut être salvateur de faire un pas en avant pour vous-même, malgré la notion de risque perçue au moment présent. Elle montre de façon puissante la force du mouvement. Elle vous montre que finalement, vous êtes déjà en chemin et déjà prêt à avancer même si tout n'est pas totalement clair.

8/ À la découverte de la signification de chaque carte, notez tout ce qui vous vient à l'esprit sans vouloir faire de jolies phrases. Prenez le temps nécessaire, ne brusquez rien et soyez patient si l'interprétation n'est pas fluide. Laissez des espaces libres entre chaque carte pour y revenir par la suite.

9/ À la fin, lisez tout ce que vous avez écrit, remettez-le au propre et le message global surgira devant vos yeux. Il sera alors temps de faire le pas en avant qui vous sortira de cette sensation de stagnation.

THE HIGH PRIESTESS
JUDGEMENT.
THE STAR.
WHEEL of FORTUNE.
THE WORLD.

Rituel des messages des éléments

Ce rituel magique autour des bougies se réalise préférablement sous la forme d'une série de rituels pendant la lune croissante et avec un rituel final à la pleine lune.

N'hésitez pas à graver des runes liées à l'abondance dans la cire. Les offrandes aux esprits ou aux divinités sont également de bons ajouts à l'espace rituel.

ᚠ **Fehu (Fé) :** symbolise la richesse matérielle, la prospérité et le succès financier.

ᛃ **Jera (Jérar) :** représente la récolte fructueuse, le cycle de croissance et l'achèvement des objectifs.

◇ **Ingwaz (Ing) :** associée à la fertilité, à la croissance et au potentiel d'abondance personnelle et spirituelle.

ᛇ **Ehwaz (Eihwaz) :** symbolise la progression, le partenariat fructueux et la croissance équilibrée.

Matériel :
- 1 bougie
- 1 stylo
- Votre journal ou du papier

1/ Trouvez un endroit calme et prenez de quoi écrire.

2/ Réfléchissez un moment à quelques mots qui expriment clairement et précisément votre intention. Je ne saurais trop insister sur le fait que vous devez être clair et précis. Si vous n'y parvenez pas, prenez le temps de réfléchir plus longuement.

Exemples : « *Attirer un partenaire avec qui je peux être ouvert et en qui je peux avoir confiance* », « *développer mon entreprise pour gagner tel montant d'argent par an* », « *voyager vers telle destination de vacances* », « *acheter une nouvelle maison à tel endroit* ».

3/ Dites ces mots à votre bougie. Je pense que prononcer ces mots à voix haute est la partie la plus importante, même si cela semble ridicule ou si vous devez les murmurer. Parlez de votre magie.

« *Créatures de cire et de mèche, s'il vous plaît, aidez-moi à...* [formulez votre intention]. »
« *Créatures de terre et d'herbe, s'il vous plaît, aidez-moi à...* [formulez votre intention]. »
« *Créatures de pierre et d'os, s'il vous plaît, aidez-moi à...* [formulez votre intention]. »

4/ Allumez votre bougie et dites simultanément : « *Créatures de feu, s'il vous plaît, allumez cette flamme et aidez-moi à...* [formulez votre intention]. »

5/ Asseyez-vous avec la bougie et méditez. Pour ma part, j'aime regarder la flamme danser. Profitez de ce temps pour vous connecter et voir votre bougie comme une créature vivante. Pendant que vous êtes assis avec la bougie, pensez à la manifestation de votre intention et aux étapes qui vous mèneraient à votre objectif.

6/ Notez les étapes dans votre journal ou sur papier. Ne vous inquiétez pas de les mettre dans le bon ordre pour le moment ; écrivez simplement ce qui vous vient à l'esprit. Lorsque vous avez l'impression d'avoir écrit chaque étape, commencez une nouvelle page et mettez-les en ordre. Ne laissez rien de côté, même si cela vous semble banal. Par exemple, si vous recherchez un emploi, la première étape pourrait consister à relire votre CV. La seconde consiste à lire les petites annonces. Et ainsi de suite...

7/ Une fois les éléments en ordre, visualisez chaque étape. Ne les considérez pas de l'extérieur ; assurez-vous que votre visualisation se fait à travers vos yeux. Incluez autant de détails que possible : qu'est-ce que ça fait, qu'est-ce que ça sent, qu'est-ce que ça a ?

8/ Une fois que vous avez fini de méditer et de visualiser, laissez la bougie brûler pendant environ une heure dans la pièce dans laquelle vous vous trouvez. Imaginez la bougie remplissant l'espace de magie et la magie s'infiltrant dans chaque fibre de votre être, vos vêtements, votre peau, vos cheveux.

9/ Le moment où la bougie brûle est le moment idéal pour travailler sur les premières étapes de votre objectif. Lorsque vous effectuez de petites actions pour atteindre celui-ci, assurez-vous d'accepter pleinement leur magie. De la même façon que vous avez pleinement visualisé le sens de chaque étape, ressentez à quoi ressemble le voyage vers votre rêve. Entrez dans ce pouvoir.

C'est aussi un excellent moment pour créer une affirmation. Lorsque vous rédigez votre déclaration, écrivez dans la perspective de la réalisation de vos objectifs. Exemples : « *Je fais partie d'une relation d'amour et de confiance* », « *mon entreprise gagne tel montant d'argent par an* », « *je voyage à X* », « *je suis propriétaire d'une maison à tel endroit* ». Dites ces affirmations à voix haute ou écrivez-les à plusieurs reprises. Sentez-vous inspiré pour écrire ou dire de nombreuses affirmations différentes, mais similaires à la suite.

10/ Éteignez la bougie. Essayez d'effectuer ce rituel une fois par semaine jusqu'à ce que la bougie soit entièrement consumée. À chaque fois que vous revenez à ce rituel, allumez votre bougie en demandant à chaque composant de vous accompagner dans vos envies. Visualisez ensuite l'achèvement de chaque étape et tirez parti de la puissance des étapes que vous avez déjà complétées vous-même. Essentiellement, essayez de tracer une carte de votre objectif et de forger un lien entre vos actions et l'objectif final.

Bibliographie

ATKINSON William Walker, *Thought-Force in Business and Everyday Life*, 1900.

ATKINSON William Walker, *Thought Vibration or the Law of Attraction in the Thought World*.

ATKINSON William Walker, *Mind Power : The Secret of Mental Magic*, 1907.

BLAVATSKY Helena, *Isis dévoilée – Clé des mystères de la science et de la théologie anciennes et modernes*, 1877.

BLAVATSKY Helena, *La Doctrine secrète*, 1888.

BLAVATSKY Helena, *La Clé de la théosophie*, 1889.

BYRNE Rhonda, *Le Secret*, 2006, Un monde différent (2008).

COELHO Paulo, *L'Alchimiste*, 1988, Le Livre de Poche (2001).

DYER Wayne W., *Le Pouvoir de l'intention. Réalisez tous vos désirs en vous connectant à l'intelligence universelle*, 2004, J'ai lu (2006).

HAY Louise, *La force est en vous*, 1991, Poche (2013).

HICKS Esther et Jerry, *The Law of Attraction : The Basics of the Teachings of Abraham*, Hay House Inc., 2006.

HICKS Esther et Jerry, *La Loi de l'attraction : les clés du secret pour obtenir ce que vous désirez*, Trédaniel, 2008.

HOSKINS Ianthe, *Fondements de la philosophie ésotérique*, Adyar, 1994.

HILL Napoleon, *Réfléchissez et devenez riche*, 1937.

JONES Aurélia Louise, *Les Niveaux de conscience, Telos, Les sept flammes sacrées.*

LENOIR Frédéric, *L'Âme du monde*, 2012, Pocket (2014).

MURPHY Joseph, *La Puissance de votre subconscient*, 1963, Editions de l'Homme (2013).

TOLLE Eckhart, *Le Pouvoir du moment présent*, 1997, J'ai lu (2010).

TROWARD Thomas, *Changing One's Thinking Changes Ones' Life : Collected Lectures on Mental Science*, Sharp Ink, 2022.

TROWARD Thomas, *The law and the Word*, 1917.

WALSCH Neale Donald, *Conversations avec Dieu*, 1995, J'ai lu (2003).

ROBBINS Anthony, *L'Éveil de votre puissance intérieure*, 1993, J'ai lu (2013).

STONE Rosamund, *The Art of Possibility : Transforming Professional and Personal Life*, 2000, Pinguin Books (2002).

Remerciements

Je remercie mon éditrice Vanessa pour sa confiance renouvelée. Elle me permet une fois de plus de transmettre un sujet qui est essentiel à l'épanouissement de l'être dans un monde qui tourne si vite et si fort.

Je remercie également toute l'équipe de Secret d'Étoiles qui a mis tout son cœur et son énergie dans le développement de ce livre et qui permet son déploiement au plus grand nombre.

Je remercie mes enfants qui par le simple fait d'exister me permettent d'apprendre chaque jour un nombre incalculable de choses et ainsi d'évoluer.

Je remercie mon compagnon, Nicolas, qui m'épaule de façon inconditionnelle depuis trois ans et qui chemine à mes côtés avec bienveillance et amour inconditionnel. Je remercie également mes beaux-parents qui me soutiennent dans mon rôle d'auteure.

Je remercie Bérengère Timmerman qui m'a permis d'enclencher le cheminement vers la découverte de moi-même et qui, avec beaucoup de bienveillance, m'a ouvert les yeux sur toute la beauté qui m'attendait alors que je sombrais dans mon propre égrégore de peurs liées à une endométriose profonde qui me terrassait.

Je remercie la vie de me permettre de vivre cette expérience d'apprentissage et de cheminement.

Je me remercie de me permettre chaque jour de construire la vie qui me semble la plus juste pour moi et de pouvoir transmettre au monde.

Merci à mes parents et mes ancêtres qui ont posé la première pierre d'un chemin extraordinaire qui me mène à écrire ces lignes aujourd'hui.

Je remercie chaque personne qui achètera ce livre pour son utilisation personnelle, qui le prêtera ou l'offrira à une personne pour l'aider et faire sa part dans la mission collective des travailleurs de lumière : s'éveiller et éveiller à son tour.

Je me remercie pour tout le cheminement que j'ai osé entreprendre et la lumière que je m'autorise à déployer au service du collectif.

Merci au Divin, à la Source de me permettre d'exister, de cheminer, d'apprendre, de transmettre et de rayonner.

À propos de l'autrice

Corinne De Leenheer est une entrepreneuse, mentor spirituelle, conférencière, sorcière et auteure de plusieurs ouvrages dans le domaine de la spiritualité et de la sorcellerie. Elle s'est donnée comme mission d'ouvrir la voie et transmettre aux autres.

Elle est plus précisément une hedge-rider, qui depuis sa plus tendre enfance évolue baignée dans la spiritualité et les rituels anciens transmis par sa lignée. Ayant voyagé et vécu sur deux continents, elle a eu la chance d'être initiée aux pratiques spirituelles européennes et caribéennes, emplies de richesse et de savoirs ancestraux.

Formée en herboristerie, minéralogie, lithothérapie et initiée par une grand-mère sorcière et rebouteuse, elle finit par éclore son univers au début du confinement 2019.

Depuis l'adolescence, elle s'épanouit dans l'écriture : poésie, storytelling, ou encore la transmission de connaissances dans le domaine de la sorcellerie, de la spiritualité avec plusieurs ouvrages publiés ou en prêtant sa plume pour des ouvrages collectifs.

Photos : © Shutterstock

Direction : Guillaume Pô
Direction éditoriale : Élisabeth Pegeon
Édition : Vanessa Martel, assistée de Coline Sauvant
Préparation de copie : Annabelle Biau-Weber
Relecture : Stéphanie Girardot
Direction artistique : Julie Mathieu
Création de la couverture : Mathilde Corbel
Création du principe intérieur et mise en pages : Jennifer Faisant
Direction de fabrication : Thierry Dubus
Fabrication : Florence Bellot

Achevé d'imprimer en mars 2024 par Graphycems en Espagne.

Imprimé en Espagne sur du papier certifié FSC® (issu de forêts gérées de façon responsable), sur les presses de Graphycems, un imprimeur labellisé pour ses pratiques respectueuses de l'environnement.

FSC www.fsc.org
MIXTE
Papier issu de sources responsables
FSC® C007507